Os mitos da SEGUNDA GUERRA MUNDIAL

Proibida a reprodução total ou parcial em qualquer mídia
sem a autorização escrita da editora.
Os infratores estão sujeitos às penas da lei.

A Editora não é responsável pelo conteúdo dos capítulos deste livro.
Os Organizadores e os Autores conhecem os fatos narrados, pelos quais são responsáveis,
assim como se responsabilizam pelos juízos emitidos.

Consulte nosso catálogo completo e últimos lançamentos em www.editoracontexto.com.br.

JEAN LOPEZ
OLIVIER WIEVIORKA

Os mitos da SEGUNDA GUERRA MUNDIAL

Tradução
Patrícia Reuillard

Revisão de tradução
Lilian Aquino

Les mythes de la Seconde Guerre Mondiale
Copyright © Éditions Perrin, 2015

Direitos para publicação no Brasil adquiridos
pela Editora Contexto (Editora Pinsky Ltda.)

Foto de capa
Bundesarchiv, Bild 101I-185-0139-20 /
Grimm, Arthur / CC-BY-SA 3.0

Montagem de capa e diagramação
Gustavo S. Vilas Boas

Tradução
Patrícia Reuillard

Preparação de textos e revisão de tradução
Lilian Aquino

Revisão
Bruno Rodrigues

Dados Internacionais de Catalogação na Publicação (CIP)

Os mitos da Segunda Guerra Mundial / François Kersaudy...
[et al.] ; organização de Jean Lopez e Olivier Wieviorka ;
tradução de Patrícia Reuillard. – São Paulo : Contexto, 2020.
240 p.

Bibliografia
ISBN 978-85-520-0175-1
Título original: Les mythes de la Seconde Guerre Mondiale

1. Guerra Mundial, 1939-1945 2. História – Erros, invenções,
etc I. Kersaudy, François II. Lopez, Jean III. Wieviorka, Olivier
IV. Reuillard, Patrícia

19-2798   CDD 940.53

Angélica Ilacqua CRB-8/7057

Índice para catálogo sistemático:
1. Guerra Mundial, 1939-1945

2020

EDITORA CONTEXTO
Diretor editorial: *Jaime Pinsky*

Rua Dr. José Elias, 520 – Alto da Lapa
05083-030 – São Paulo – SP
PABX: (11) 3832 5838
contexto@editoracontexto.com.br
www.editoracontexto.com.br

Sumário

Introdução..7

Os britânicos apoiavam Churchill unanimemente
antes e durante a Segunda Guerra Mundial...........................9
FRANÇOIS KERSAUDY

A derrota de 1940 da França era inevitável.........................27
MAURICE VAÏSSE

Hitler antecipou um ataque de Stalin...................................39
JEAN LOPEZ e LASHA OTKHMEZURI

Pearl Harbor, uma vitória japonesa......................................63
PIERRE GRUMBERG

Rommel era um bom comandante...73
VINCENT ARBARÉTIER

A Waffen-ss: soldados de elite 83
JEAN-LUC LELEU

A Segunda Guerra Mundial, um assunto de homens 99
FABRICE VIRGILI

O Exército italiano era ruim 119
HUBERT HEYRIÈS

Os bombardeios aéreos venceram a Alemanha 137
PATRICK FACON

Os camicases morreram em vão 155
PIERRE-FRANÇOIS SOUYRI

A França contribuiu para a vitória dos Aliados 165
JEAN-FRANÇOIS MURACCIOLE

As armas milagrosas alemãs poderiam ter mudado tudo 187
PIERRE GRUMBERG

A Alemanha perdeu a guerra por causa de Hitler 205
BENOIST BIHAN

O Japão se rendeu por causa de Hiroshima 219
BRUNO BIROLLI

Os autores 237

Introdução

A Segunda Guerra Mundial é cada dia mais conhecida graças às pesquisas obstinadas dos historiadores, mas persistem ainda muitos mitos. Quantas pessoas cultas continuam acreditando que a derrota da França nos sombrios dias de 1940 estava predestinada, que Pearl Harbor atestou uma esmagadora vitória do Império nipônico sobre os Estados Unidos, que Rommel era um grande estrategista, que os soldados americanos não sabiam combater, que Hitler apenas antecipou um ataque de Stalin? Esses poucos exemplos – e a lista está longe de ser exaustiva – compõem um dicionário das ideias preconcebidas que, no entanto, os conhecimentos historiográficos mais recentes desmentem.

A persistência desses mitos, mesmo não sendo exatos, revela uma dificuldade: apesar de suas habilidades, os historiadores nem sempre conseguiram mostrar ao grande público os frutos de seus trabalhos. Isso também confirma que a propaganda da Segunda

Guerra Mundial causou danos para além da derrota total das forças do Eixo. De fato, tanto a imagem da "Raposa do Deserto" combatendo honrosamente quanto a fábula de uma economia potente e eficaz saíram diretamente do laboratório do dr. Goebbels, o devotado ministro do Führer, que se dedicou, nos anos sombrios, a louvar os méritos do marechal Rommel e os talentos do dr. Speer. Além disso, os grandes chefes civis e militares do Reich, assim como os líderes do Japão, evitaram dissipar a dúvida e preferiram apresentar a guerra que haviam travado de modo mais brando, em vez de descrevê-la dentro dos padrões de lucidez e veracidade. Assim, nenhum chefe da Wehrmacht reconheceu a participação de suas tropas no extermínio dos judeus na Europa, preferindo jogar o crime nas costas dos soldados políticos do Führer, a SS. Isso significa que o caminho que leva à verdade foi marcado por armadilhas, o que explica por que, às vezes, custou tanto trilhá-lo.

Os 14 capítulos desta obra buscam restabelecer alguns fatos trazendo à tona grandes mitos que, embora tenham sido considerados verdades incontestáveis, são errôneos. Sem esgotar o assunto, este livro busca contribuir para oferecer aos leitores o fruto das pesquisas mais recentes. Esperamos que os resultados – frequentemente inesperados – apaixonem e, talvez, surpreendam o leitor. Esse é nosso duplo desejo.

Jean Lopez e Olivier Wieviorka

Os britânicos apoiavam Churchill unanimemente antes e durante a Segunda Guerra Mundial

FRANÇOIS KERSAUDY

Vários fatores contribuíram para suscitar e perpetuar o mito citado no título deste capítulo. Por um lado, os movimentos e os governos exilados em Londres durante a guerra, frequentemente divididos e isolados, não puderam deixar de se espantar com a fachada de unanimidade apresentada por seus anfitriões britânicos. Por outro, as *Memórias da Segunda Guerra Mundial*, do próprio Churchill, ao apagar os desacordos e as divergências dentro e fora de seu governo, alimentaram essa impressão, fortalecida pela passagem do tempo. Por fim, graças ao desfecho vitorioso da guerra, aqueles que criticavam sua condução geralmente evitaram falar no assunto depois.

Antes de mais nada, trata-se de determinar quem estava envolvido e quando. Quando se fala dos "britânicos", pensa-se imediatamente na opinião pública, mas isso inclui a imprensa, o Parlamento, os partidos, o governo, o gabinete de guerra e os chefes de Estado-Maior – sem esquecer o próprio monarca. Parece bem pouco provável que Churchill tenha contado com o apoio constante e indefectível de todos esses elementos do início ao fim da Segunda Guerra Mundial.

O MALDITO DO *ESTABLISHMENT*

Entre o final de 1936 e o começo de 1939, Winston Churchill é provavelmente o político menos popular da Grã-Bretanha, sobretudo em seu próprio partido. Desde que deixou o *Shadow Cabinet**
no início de 1931, após uma divergência radical em relação à Índia, passou a ser um "deputado conservador de oposição". Porém, discordou de seu partido e de todos os outros em questões relacionadas ao desarmamento, à política de defesa deficiente do governo, ao pacifismo do então primeiro-ministro Stanley Baldwin e, por fim, à política de apaziguamento do sucessor Neville Chamberlain. Tanto na opinião pública quanto no Parlamento, seus apelos ao rearmamento, seu apoio ao rei Eduardo VIII e sua oposição resoluta aos acordos de Munique o isolaram politicamente, de modo que, ao final de 1938, ele conta apenas com uma dúzia de aliados na Câmara dos Comuns, ainda que o apoio da maioria deles, como Anthony Eden e Alfred Duff Cooper, se mostre bastante discreto... O fato de que a política de Neville Chamberlain em relação a Munique também tenha sido aprovada pelo governo, pelos

---

* N.T.: Em tradução literal "gabinete sombra", trata-se de um governo paralelo formado pelos partidos de oposição.

partidos, por quase toda a imprensa e grande parte da opinião pública britânica[1] explica amplamente o ostracismo em que se encontrava o deputado Churchill. Até mesmo em seu distrito eleitoral em Epping, constituiu-se um forte *lobby* para protestar contra sua oposição aos acordos de Munique.[2] Também o apoio público do rei Georges VI em pessoa à política de Chamberlain acentuou ainda mais o sentimento de isolamento de Churchill – sem, todavia, alterar sua oposição incondicional às ilusões do apaziguamento e às incoerências do rearmamento.

Foi a entrada dos alemães em Praga, seguida das primeiras exigências à Polônia, que começou a abrir os olhos de muitos no Parlamento, na imprensa, entre os intelectuais e nos meios empresariais – quando se percebe finalmente que a guerra é inevitável, que a Inglaterra não está preparada para ela e que Churchill vinha repetindo isso sem parar havia seis anos. Quando se vai enfrentar uma ditadura fortemente armada, pode-se ficar sem um velho guerreiro como Churchill? Alguns pensam que não, e seus discursos na Câmara dos Comuns encontram ouvidos mais receptivos, ao mesmo tempo que os grandes jornais começam, um após o outro, a exigir seu retorno ao governo: em abril, o *Daily Telegraph,* o *Evening Advertiser* e o *Sunday Pictorial*; em maio, o *News Chronicle*[3] e o *Time and Tide*; em julho, o *Yorkshire Post,* o *Observer,* o *Sunday Graphic,* o *Daily Mail,* o *Evening Standard* e até o *Manchester Guardian,* que exorta o primeiro-ministro Chamberlain a "privilegiar o patriotismo às desavenças pessoais".[4]

Não se trata realmente de desavenças pessoais – mesmo que haja muitas no *establishment* conservador. A verdade é que Chamberlain teme que o deputado de Epping domine rapidamente seu governo e considera, sobretudo, assim como seus ministros Simon, Hoare e Halifax, que o retorno de Churchill seria uma declaração de guerra a Berlim. Ora, apesar das nuvens ameaçadoras que se acumulam na

Europa, Chamberlain ainda busca a paz a qualquer preço – exceto a perda de seu posto. É por isso que seus emissários multiplicam, durante o verão, os gestos de conciliação com o Führer, enquanto pressionam discretamente os poloneses para que negociem com Berlim.[5] Contudo, a ratificação do Pacto Germano-Soviético, em 23 de agosto de 1939, e a invasão da Polônia, em 1º de setembro, põem um fim brutal às ilusões oficiais: diante da perspectiva de uma sublevação em seu governo e em sua maioria parlamentar, Chamberlain não tem outra saída senão declarar guerra. Para todos, até para os adversários mais implacáveis de Churchill, é inconcebível enfrentar um conflito maior sem a participação do único político que conhece a guerra, não a teme e sabe como conduzi-la. Quando começa a Segunda Guerra Mundial, Winston Churchill é então nomeado ao posto que já ocupara um quarto de século antes: o de primeiro lorde do Almirantado.

Para Churchill, não haverá "guerra de mentira": seus navios buscam impiedosamente a Kriegsmarine, sofrem perdas sensíveis, mas acabam por obter uma esmagadora vitória contra o encouraçado Graf Spee ao largo do rio da Prata. Seu ativismo, assim como seus discursos suntuosos no Parlamento e na BBC, produzem um excelente efeito sobre o moral dos cidadãos comuns, dos militares, dos deputados e até dos ministros. Suas intervenções constantes nos assuntos de seus colegas, bem como os múltiplos planos de ofensiva que ele propõe ao primeiro-ministro, certamente revigoram um governo pouco belicista, mas assustam um primeiro-ministro que quer evitar "provocar a Alemanha", esperando confusamente que a guerra termine sem que ele precise travá-la de verdade... Como a maioria de seus ministros está igualmente exasperada com as intervenções bastante desordenadas do primeiro lorde em suas áreas de competências,[6] é forçoso reconhecer que Churchill não goza de muita popularidade no governo. Ele é mais popular junto à população, mas, em dezembro de 1939, uma pesquisa indica que 63,78% dos britânicos aprovam a política de apaziguamento de Neville Chamberlain – e que este é preferido como primeiro-ministro por 51,69%, contra apenas 30,27% a favor de Churchill (18% sem opinião).[7]

PRIMEIRO-MINISTRO NA FALTA DE OUTRO

Mas o início das operações efetivas de guerra no continente vai mudar essa situação: no começo de abril, tendo a Wehrmacht conquistado a Noruega em uma Blitzkrieg, o fraco corpo expedicionário britânico que tentará expulsá-la de lá, mas é vencido em Narvik e severamente derrotado próximo de Trondheim. A estratégia hesitante dos líderes britânicos e a falta de preparo de seus soldados são cruelmente revelados, criando um início de pânico na população e entre os representantes do povo. Todos veem se aproximar das ilhas britânicas o espectro repugnante da derrota, o que explica a queda de popularidade vertiginosa de Neville Chamberlain[8] e a aspereza dos debates na Câmara dos Comuns em 7 e 8 de maio de 1940 – ao final dos quais o primeiro-ministro vai entregar sua demissão.[9] Lorde Halifax é o sucessor mais aceitável para todos os partidos, mas ele se recusa, e o cargo acaba ficando com Winston Churchill – na falta de outro, de certo modo.

A chegada ao poder supremo do deputado e primeiro lorde Churchill não provoca grande entusiasmo no *establishment* político e administrativo britânico, conforme o testemunho de um secretário de Chamberlain, John Colville:

> No nº 10 [da Downing Street], havíamos almejado que o rei chamasse lorde Halifax; mas foi Churchill o escolhido, e considerávamos com certa repugnância a chegada de seus vermes Bracken,

Lindemann e Desmond Morton.[10] [...] O país tinha caído nas mãos de um aventureiro, brilhante, com certeza, e orador persuasivo, mas um homem cujos amigos e defensores não eram pessoas a quem se pudesse confiar a gestão das questões do Estado no momento de maior perigo. Raramente a posse de um primeiro-ministro terá suscitado tantas dúvidas no *establishment* e tanta convicção de que essas dúvidas se justificariam.[11]

Como muitos de seus colegas, John Colville vai logo reconhecer seu erro: tendo formado um governo de coalizão do qual é chefe e ministro da defesa, Churchill decide transformar o país numa fortaleza. Sua energia é inesgotável e seus discursos arrebatam o país desde Westminster e Whitehall até o mais humilde lar das ilhas britânicas; suas inspirações, exortações e instruções fluem sem cessar aos secretários, ministros, funcionários, diplomatas e chefes de Estado-Maior. Quando os exércitos franceses e britânicos são severamente derrotados no final de maio de 1940, Churchill se apresenta como a garantia de uma luta sem fim contra o nazismo, independentemente das chances de êxito. No entanto, há algumas personalidades de primeiro plano no seu governo, como Chamberlain e Halifax, que se declaram discretamente a favor de negociações indiretas com Hitler. Porém, nas reuniões do gabinete de guerra entre os dias 26 e 28 de maio, a habilidade, a eloquência e a convicção do primeiro-ministro os reduzem ao silêncio.[12]

Até meados de 1940, o sucesso da retirada de Dunquerque, as peripécias da Batalha da França, a cooperação franca e leal dos ministros trabalhistas[13] e a repercussão considerável dos discursos de Churchill na BBC e no Parlamento terminam por calar todas as oposições declaradas à sua política. Todavia, o mesmo não acontece com as oposições secretas, assim como relata, na noite de 17 de junho, o embaixador da Suécia, Björn Prytz, em um telegrama ao ministro das Relações Exteriores, Günther:

Em um encontro de hoje com [o subsecretário de Estado] Butler, ele me confirmou que [...] a atitude oficial da Grã-Bretanha seria por enquanto pela continuidade da guerra, mas me garantiu que nada seria negligenciado para concluir uma paz de compromisso, caso se apresentassem algumas possibilidades de conseguir condições razoáveis. *Stop*. Não se deixaria nenhum extremista impedir isso.[14] *Stop*. [...] Durante o encontro, Butler foi convocado por Halifax, que me informou que o bom senso mais do que a bravata ditaria a política do governo britânico.[15] [...] Ele acrescentou que isso não devia ser interpretado como uma busca de paz a qualquer preço. [...] De meus encontros com outros líderes parlamentares, parece resultar que se espera que perspectivas de negociações se apresentem num futuro próximo. *Stop*. Em algum momento após 28 de junho. *Stop*. Halifax poderia suceder a Churchill.[16]

UMA OPOSIÇÃO À ESPREITA

Evidentemente, isso não acontecerá e Halifax deverá até mesmo se desculpar, rejeitando pessoalmente as propostas de paz de Hitler em 22 de julho. Além disso, as provações da Batalha da Inglaterra, a bravura dos pilotos aliados, os discursos grandiloquentes de Churchill e suas visitas frequentes às populações atingidas aumentarão enormemente sua popularidade.[17] No entanto, mesmo após o fracasso da ofensiva aérea alemã e dos primeiros sinais de abandono dos planos inimigos de desembarque, não faltam provas de uma surda oposição a Churchill no *establishment*. Como a do velho chefe liberal Lloyd George, que declara no outono: "Esperarei que Winston afunde"; numa carta ao duque de Bedford, ele preconiza "negociações de paz com a Alemanha após a Batalha da Inglaterra".[18] Churchill sabe, por experiência, que o mundo político não perdoa, e que muitos outros além de Lloyd George esperam os primeiros desastres militares para desestabilizá-lo e forçá-lo à demissão.

É verdade que a imprensa contribui muito para isso e, após o fracasso de Dakar, em setembro,[19] ela critica o governo – a exemplo do *Daily Mirror*, que denuncia um "grande erro de cálculo" – e acrescenta: "Com Dakar, provavelmente atingimos o fundo do poço da imbecilidade.[20]" Entretanto, Churchill, consciente da influência da imprensa sobre uma opinião pública que dispõe de um mínimo de informações confiáveis, recrimina imediatamente seus detratores, declarando na Câmara dos Comuns, em 8 de outubro: "A crítica é quase sempre útil quando construtiva, rigorosa e bem informada. Mas o tom que se percebe em certos órgãos da imprensa – poucos, felizmente – quando evocam o episódio de Dakar e outras questões mais graves ainda, é tão agressivo e tão venenoso que seria quase indecente até mesmo se fosse endereçado ao inimigo."[21]

Isso arrefeceu temporariamente o ardor dos opositores – tanto mais que, após a morte de Chamberlain, em novembro, Churchill lhe sucede na liderança do partido conservador –,[22] mas ele sabe bem que sua continuidade como primeiro-ministro depende do sucesso das armas britânicas nos diversos teatros de guerra. Ora, nos primeiros meses de 1941, as vitórias são raras e as derrotas, numerosas, principalmente na Líbia, Grécia e Creta, onde os soldados de sua Majestade, pouco treinados e mal equipados, são forçados a retiradas e evacuações humilhantes. Entre maio e junho de 1941, muitos na Grã-Bretanha se queixam da condução das operações, o que se expressa sem rodeios na imprensa, nos clubes e nas sessões tumultuadas na Câmara.

> Nessa época, lembra-se o general Sir John Kennedy, as críticas a Churchill eram ásperas e gerais. Afirmava-se que algo não funcionava no mecanismo de condução militar da guerra. [...] Falava-se de improvisação e de oportunismo. Dizia-se que [...], desde o princípio, as opiniões dos militares eram descaracterizadas e influenciadas pela temível eloquência de um primeiro-ministro que era, ao mesmo

tempo, testemunha, advogado de defesa e de acusação e juiz. Criticava-se também sua maneira de enviar instruções pessoais aos comandantes em chefe sem consultar os especialistas, assim como seu hábito de exaurir perigosamente os chefes de Estado-Maior.[23]

O deputado Henry "Chips" Channon, temível língua afiada, também escreve em seu diário nessa época: "Aumenta o número de críticos de Churchill por todo lado. Sua popularidade está em queda livre e muitos de seus inimigos, reduzidos ao silêncio por muito tempo, recobraram a voz. Ele foi seriamente atingido pela questão de Creta".[24]

A FORÇA DO VERBO

A vitória tem muitos pais, mas a derrota é órfã... Na Grã-Bretanha, é da Câmara que tudo depende; se ela deixar o governo em minoria, Churchill deverá pedir demissão. Mas o discurso que ele profere diante dos deputados, em 10 de junho de 1941, revela-se um verdadeiro *tour de force*:

> Para poder fazer um julgamento racional sobre nosso dispositivo aéreo e sobre nossa incapacidade subsequente de atribuir um número suficiente de aviões para a defesa de Creta, seria preciso saber não somente qual o total de nossos recursos, mas também qual a situação em todos os outros teatros, estritamente interdependentes, e é inútil pretender julgar essas questões sem ter um conhecimento exaustivo de fatos que, evidentemente, não podem ser tornados públicos. [...] Vejo que alguns dizem que jamais deveríamos combater sem ter um apoio aéreo adequado. [...] Mas o que vocês fazem se não puderem tê-lo? Nem sempre podemos escolher entre uma solução boa e uma ruim; muitas vezes, precisamos escolher entre duas ruins. E se vocês não podem ter todo o apoio aéreo desejável, vão abandonar, um após outro, setores estratégicos importantes? Outros me disseram que

deveríamos defender apenas lugares que temos certeza de conseguir manter. Mas, então, pode-se ter certeza do final da batalha antes mesmo de ter sido travada? E, nesse caso, o inimigo não obteria, sem combater, uma quantidade ilimitada de conquistas? [...] Combatendo obstinadamente para defender posições importantes, mesmo em condições desfavoráveis, não se ganha apenas tempo; faz-se uma resistência feroz à vontade do inimigo. [...] Creta era um bolsão muito importante em nossa linha de defesa; era como o forte de Douaumont, em Verdun, em 1916, ou a colina de Kemmel, em 1918. Ambos foram tomados pelos alemães, mas, nos dois casos, eles perderam a batalha e também a campanha e, no final, a guerra. Mas vocês têm certeza de que o resultado teria sido idêntico se os Aliados não tivessem combatido por Douaumont e pela colina de Kemmel? E pelo que mais teriam combatido? Não se pode julgar essas batalhas sem relacioná-las com toda a campanha. [...] Se um governo, em tempos de guerra, dá a impressão de que não tem condições de conseguir a vitória em definitivo, o que importam suas justificativas? Deve pedir demissão – desde que, naturalmente, se tenha certeza de encontrar outro capaz de fazer melhor. [...] Mas, se um governo é obrigado a ficar sempre olhando para trás por receio de ser atacado pelas costas, é impossível que consiga ver o inimigo.[25]

Alguém teria expressado melhor as imposições e os dilemas que enfrenta um estrategista? Mas, naquele momento, são as últimas frases que produzem mais efeito sobre os honoráveis deputados, pois, sejam quais forem os resultados medíocres nos campos de batalha, não existe manifestamente ninguém em Londres para substituir Winston Churchill em seu duplo papel de primeiro-ministro e de ministro da Defesa...

Na verdade, é o próprio Adolf Hitler quem vai socorrer Churchill: em 22 de junho de 1941, quando sua Wehrmacht e sua Kriegsmarine pareciam progredir no Mediterrâneo e no Atlântico, o Führer muda bruscamente de estratégia e suas tropas penetram profundamente na URSS. De Gibraltar à Alexandria, passando por Malta, Tobruk e Bagdá, as forças armadas britânicas assistem a um enfraquecimento considerável das forças do Eixo – ao passo que um novo aliado vem se associar, contra sua vontade, à coalizão anti-hitlerista. Para Churchill, esse reforço é apreciável, mesmo que lhe traga novos problemas de política interna: a mando de Moscou, os comunistas britânicos vão então montar uma incansável campanha, na imprensa e no Parlamento, para obrigar o primeiro-ministro a abrir um segundo *front* na Europa ocidental. Trata-se de aliviar igualmente os exércitos soviéticos, prejudicados pela implacável máquina de guerra da Wehrmacht. Mas é claro que, ainda lutando por sua sobrevivência, a Grã-Bretanha não tem recursos para passar à ofensiva na Europa...

Quando os Estados Unidos, atacados no Pacífico, entram em guerra, em 8 de dezembro de 1941, Churchill vê nisso de imediato o anúncio da salvação. Nessa guerra mecanizada, nada poderá resistir à potência da indústria americana. Porém, entre o final de 1941 e o início de 1942, a situação se agrava muito para a Grã-Bretanha: nos arredores de Singapura, ela perde seus dois únicos encouraçados no Extremo Oriente, o Repulse e o Prince of Wales; Hong Kong é ocupada, bem como a maior parte da Malásia; no Mediterrâneo, um cruzador e dois grandes encouraçados são afundados, enquanto, na Líbia, os alemães retomam a ofensiva e se preparam para tomar Benghazi; por fim, no Atlântico, a frota aliada sofre perdas sem precedentes.[26]

Após retornar dos Estados Unidos, o primeiro-ministro vai precisar defender novamente seu governo das críticas dos parlamentares, assustados com tantos desastres. Os debates que se iniciam em 27 de janeiro de 1942 culminaram com um voto de confiança, e alguns esperam que fossem tão fatais como haviam sido para Chamberlain vinte meses antes. Mas, ao final de dois dias de ásperas disputas, Churchill continuava sendo um mestre em sua arte:

> Há pessoas que falam e se comportam como se tivessem antecipado essa guerra e a tivessem cuidadosamente preparado, acumulando vastos estoques de armamento. Mas não é nada disso. Durante dois anos e meio de combate, mal conseguimos manter a cabeça fora d'água. Quando fui chamado a assumir o posto de primeiro-ministro, quase não havia outros candidatos ao emprego. Desde então, sem dúvida, o mercado melhorou um pouco: apesar da vergonhosa negligência, da indecente desordem, da flagrante incompetência, da beata suficiência e da incúria administrativa de que nos censuram diariamente, começamos a avançar. [...] Jamais tivemos recursos e jamais poderíamos ter tido recursos para combater sozinhos a Alemanha, a Itália e o Japão simultane-amente. [...] Eu me esforcei para expor a situação à Câmara dentro das considerações possíveis de segurança pública. [...] Não devo desculpas, nem escapatórias, nem promessas, [...] mas, ao mesmo tempo, manifesto minha confiança, mais forte do que nunca, em um desfecho desse conflito que se revelará altamente favorável à melhor ordem mundial futura.[27]

É possível avaliar seu talento oratório ao saber que, tendo começado a sessão com uma câmara hostil, Churchill terminou seu discurso obtendo a confiança de 464 votos contra 1. De fato, os honoráveis deputados tiveram de se render mais uma vez à evidência: se é difícil resistir às forças do Eixo, é impossível substituir Churchill no meio do combate...

Apesar de tudo, muitos políticos continuam a desejar isso, tais como Lloyd George, o deputado trabalhista Aneurin Bevan, o ex-ministro da Guerra Hore-Belisha e o embaixador e ministro marxista Stafford Cripps.[28] Após a queda de Singapura, Rangun e Tobruk, quando o prestígio de Churchill como chefe militar está mais em baixa do que nunca e a imprensa o ataca impiedosamente,[29] eles pensam que sua hora chegou. Em 1º de julho de 1942, na Câmara dos Comuns, o deputado conservador sir John Wardlaw-Milne apresentou uma moção de censura expressando "a falta de confiança da Câmara na direção central da guerra", acusando depois Churchill de intervir intempestivamente na estratégia; ele propõe de imediato a separação das funções de primeiro-ministro e de ministro da Defesa, assim como a designação de um generalíssimo. Mas, para ocupar esse posto, sir John indica o nome do duque de Gloucester, um amável membro da família real muito despreparado para exercer uma função dessas! Isso provoca uma certa perplexidade na assembleia, que aumenta visivelmente quando o velho herói de Zeebrugee, sir Roger Keyes, errando um pouco o alvo, concentra seus ataques no Comitê dos chefes de Estado-Maior e declara em resposta a uma pergunta: "A demissão do primeiro-ministro seria um desastre lamentável." Nos debates que se prolongam até às 3h da manhã, lorde Winterton encontra argumentos mais convincentes, estigmatizando as divergências ministeriais, as deficiências materiais e os erros estratégicos; no dia seguinte, é acompanhado pelo deputado trabalhista Aneurin Bevan, que, num discurso venenoso, salienta que "o primeiro-ministro ganha todos os debates e perde todas as batalhas", mas acaba ridicularizado quando propõe confiar o comando das operações em campo a generais tchecos, poloneses ou franceses. Sir Hore-Belisha conclui lembrando as numerosas derrotas sofridas no passado e censurando o primeiro-ministro por sua falta de discernimento, mas também comete um erro fatal ao se estender longamente sobre a má qualidade das armas britânicas, concebidas na época em que ele próprio era ministro da Guerra...

Dessa vez, Churchill é o último a falar, e o fará por mais de duas horas com uma tenacidade inigualável:

No decorrer deste longo debate que está terminando, [...] todos os argumentos imagináveis foram utilizados para minar a confiança no governo, para provar que os ministros são incompetentes e fazê-los duvidarem de si próprios, para inspirar no exército a desconfiança do poder civil, para levar os operários a perderem toda confiança nas armas que eles se esforçam para fabricar, para apresentar o governo como um amontoado de nulidades, dominado pelo primeiro-ministro, e para comprometer a imagem deste a seus próprios olhos e, se possível, aos da nação.

Segue uma defesa modelar dos generais, dos ministros, dos diplomatas, dos soldados, das estratégias seguidas e da qualidade dos materiais de guerra. Depois disso tudo, ele retoma a ofensiva:

Não se pode esperar que os generais corram riscos sem a garantia de serem apoiados por um governo forte, sem saber que não precisam olhar por cima dos ombros e nem se preocupar com a retaguarda, sem ter o sentimento de que podem concentrar toda sua atenção no inimigo. E acrescento que não se pode esperar que um governo corra riscos sem a garantia de ser apoiado por uma maioria sólida e leal. Em tempos de guerra, se vocês querem ser bem servidos, precisam oferecer em troca lealdade. [...] O dever da Câmara dos Comuns é apoiar o governo ou mudá-lo. Se ela não pode mudá-lo, deve apoiá-lo. Em tempos de guerra, não há outra solução [...]. Cada um dos seus votos vai contar. Se o número daqueles que nos atacaram é reduzido a uma quantidade negligenciável [...], então não se enganem, serão ouvidas as aclamações de todos os amigos da Grã-Bretanha e de todos os fiéis servidores de nossa causa, ao passo que o som do desespero será ouvido por todos os tiranos que buscamos derrubar.[30]

Como resistir a tal eloquência? Na noite de 2 de julho, a moção de censura é rejeitada por 475 votos a 25. Essa será a última tentativa de desestabilização política do governo Churchill até o fim da guerra. Isso ocorre porque no vasto campo de batalha do mundo, o destino irá progressivamente mudar seu curso: Midway, El-Alamein, Argel, Stalingrado, Túnis, os desembarques na Sicília, na Normandia e em Leyte serão marcos na recuperação aliada e no declínio das forças do Eixo. Entre o outono europeu de 1942 e a primavera de 1945, Churchill, habilmente acompanhado – e firmemente guarnecido – por seus ministros, diplomatas e chefes de Estado-Maior,[31] vê sua posição reforçada no país, enquanto, fora dele, ela se enfraquece progressivamente em uma coalizão aliada, agora dominada pelos americanos e pelos soviéticos. Contudo, em maio de 1945, quando a Alemanha é vencida, a popularidade de Churchill na Grã-Bretanha atinge seu auge,[32] sua posição parece inquebrantável e ninguém – nem mesmo os trabalhistas[33] – duvidam que ele levará os conservadores à vitória nas próximas eleições.

RETRATAÇÃO

Entretanto, na política e na guerra, o mais inesperado é sempre o mais certo. Enquanto muitos ministros, deputados, jornalistas, sindicalistas, diplomatas e militares se haviam oposto ao primeiro-ministro Churchill nos dias mais sombrios do conflito, uma confortável maioria da opinião pública sempre havia aprovado sua ação.[34] Ora, é precisamente esse firme apoio que vai sumir nas eleições de julho de 1945. Muitas razões convincentes foram levantadas para explicar esse fenômeno.[35] O general De Gaulle não se mostrará surpreso com isso:

> Para os espíritos levados às ilusões do sentimento, essa desgraça, repentinamente infligida pela nação britânica ao grande homem que a levara gloriosamente à salvação e à vitória, podia parecer surpreendente. Não havia ali, no entanto, nada que não estivesse de acordo com a ordem das coisas humanas.[36]

De fato, se os povos são reticentes em se colocar nas mãos dos grandes homens durante as tormentas, tendem a se voltar contra eles na primeira calmaria – e, no caso de Churchill, fazem isso até mesmo antes do final da Segunda Guerra Mundial. *Quod erat demonstrandum...*

NOTAS

[1] De 52,8% em dezembro de 1938 a 56,6% em abril de 1939 (Bipo, *British Institute of Public Opinion, 1938 to 1946*, UK Data, University of Warwick, # 53 to 57).

[2] Martin Gilbert, *Winston S. Churchill*, vol. v, Londres, Heinemann, 1976, p. 1012.

[3] Em 10 de maio, o *News Chronicle* publicou uma sondagem indicando que 56% das pessoas interrogadas desejavam a inclusão de Churchill no governo (26% contra e 18% sem opinião).

[4] *Manchester Guardian*, 3 de julho de 1939. Sob a pressão do Parlamento e de alguns ministros, Chamberlain teve de aceitar a aplicação de três medidas que Churchill preconizava havia dois anos: a conscrição, a nomeação de um ministro do Abastecimento e o início das negociações com a URSS; mas tudo isso foi feito com tal falta de entusiasmo que praticamente garantiu sua ineficácia.

[5] A fim de não precisar aplicar a garantia imprudentemente dada à Polônia no mês de abril.

[6] Ou de incompetências, conforme o caso.

[7] BIPO, 1938 to 1946, *op. cit.*, # 65, December 1939.

[8] Apenas 32,75% das pessoas interrogada em maio de 1940 aprovavam a política de Chamberlain, contra 59,78% que a desaprovam. (BIPO, *op. cit.*, # 69, May 1940.)

[9] Ele não foi descartado, já que 281 deputados votaram a favor de seu governo e 200 foram contra. Mas estes últimos compreendiam 33 conservadores, ao passo que outros 60 se abstiveram. Diante dessa desconfiança manifesta, Chamberlain compreendeu a necessidade de formar um governo de coalizão para conduzir a guerra, mas os trabalhistas e os liberais se recusaram a fazer parte dele enquanto Chamberlain o liderasse.

[10] Lorde Halifax, modelo de moderação, os qualificará de "gângsteres".

[11] John Wheeler-Bennett (ed.), *Action This Day, Working with Churchill*, Londres, Macmillan, 1968, p. 49.

[12] CAB 65/13, WM (40) 139, 151, 179, 180, 187; 26-27/5/40 (Confidential Annex); WM (40) 145/1, 28/5/40.

[13] Principalmente Attlee, Greenwood e Bevin, sendo os dois primeiros parte do gabinete de guerra.

[14] Alusão transparente ao próprio Churchill.

[15] O embaixador reproduz em seguida a declaração de Halifax em sua versão original: "*Common sense and not bravado would dictate the British government's policy*".

[16] Chiffer-London-UD 723, 17/6. HP 39 A, Telegrammet Prytztil UD/Gunther, 17/6/40. Reproduzido em Wilhelm Carlgren, *Svensk Utrikespolitik 1939-1945*, Estocolmo, Allmanna Forlaget, 1973, p. 194.

[17] Eram 87,36 % de aprovação em julho de 1940... (Bipo, *op. cit.*, # 71, July 40.).

[18] Colin Cross (ed.), *Life with Lloyd George*, Londres, Macmillan, 1975, p. 281; David Reynolds, *From World War to Cold War*, Oxford, Oxford University Press, 2006, p. 79.

[19] Entre 23 e 25 de setembro de 1940, uma força naval britânica levando elementos franceses sob o comando do general De Gaulle tenta obter a adesão de Dakar à França livre, mas ela se choca com uma resistência tenaz dos vichystas do governador Boisson e deve finalmente se retirar com perdas sensíveis.

[20] *Daily Mirror*, 27 de setembro de 1940. Encontram-se artigos igualmente virulentos no *Times, Evening Standard, Daily Mail, New Statesman, Guardian* e *Observer*.

[21] House of Commons, Parliamentary Debates, v. 365, col. 298-301, 8/10/40.

[22] Enquanto os *appeasers*, lorde Halifax e Samuel Hoare, estão exilados em Washington e Madri, respectivamente.

[23] John Kennedy, *The Business of War*, Londres, Hutchinson, 1957, p. 114 e 115.

[24] Robert Rhodes James (ed.), *Chips, the Diaries of Sir Henry Channon*, Londres, Weidenfeld & Nicolson, 1967, p. 307.

[25] Robert Rhodes James (ed.), *Winston S. Churchill, His Complete Speeches*, v. 6, Londres, Chelsea House, 1974, p. 6408-6423.

[26] Trinta e um navios só no mês de janeiro de 1942.

[27] Robert Rhodes James (ed.), *Winston S. Churchill, His complete Speeches*, v. 6, *op. cit.*, p. 6559, 6573, 6578.

[28] Desde seu retorno da URSS no início de 1942, Cripps não esconde sua ambição de substituir Churchill.

[29] Particularmente *Daily Mirror, Manchester Guardian, Times, News Chronicle, New Statesman* e, é claro, *Daily Worker.*

[30] Robert Rhodes James (ed.), *Winston S. Churchill, His complete Speeches*, v. 6, *op. cit.*, p. 6645, 6656, 6657, 6659, 6661. Como dois anteriores, esse discurso de Churchill faz parte de seus mais notáveis discursos, de seus menos conhecidos... e de seus mais combativos em relação a seus oponentes.

[31] Que mataram na raiz muitas inspirações estratégicas potencialmente catastróficas.

[32] Eram 83 % de opiniões favoráveis. (Bipo, *op. cit.*, # 126, May 45.)

[33] E menos ainda Stalin, especialista em matéria eleitoral, que está convencido de que Churchill fez o possível para trapacear na consulta seguinte...

[34] Segundo as sondagens, sua popularidade entre maio de 1940 e maio de 1945 nunca ficou abaixo de 78% – com picos muito superiores após novembro de 1942.

[35] A popularidade adquirida pelos trabalhistas graças a seu trabalho no governo de coalizão; a campanha inutilmente agressiva feita pelos conservadores e seu chefe – suspeita, além disso, de querer estender a guerra na URSS; a maior atratividade do programa trabalhista, que promete mais moradia, serviços médicos e emprego paras todos; enfim, o voto de protesto dos militares, que responsabilizam o partido conservador por não ter conseguido evitar a guerra e por tê-los mobilizado por seis longos anos.

[36] Charles de Gaulle, *Le Salut*, Paris, Plon, 1959, p. 203 e 204.

BIBLIOGRAFIA SELECIONADA

Colville, John, *The Fringes of Power*. Londres: Hodder & Stoughton, 1985.

Gilbert, Martin, *Winston S. Churchill*. v. 6 e 7. Londres: Heinemann, 1983 e 1986.

Hastings, Max, *Finest Years*. Londres: Harper Collins, 2009.

James, Robert Rhodes (ed.), *Chips, the Diaries of Sir Henry Channon*. Londres: Weidenfeld & Nicolson, 1967.

James, Robert Rhodes (ed.), *Winston S. Churchill, Hiscomplete Speeches*, v. 6. Londres: Chelsea House, 1974.

Kennedy, John, *The Business of War*. Londres: Hutchinson, 1957.

Manchester, William e Reid, Paul, *The Last Lion*. Boston: Little, Brown & Co., 2012.

A derrota de 1940 da França era inevitável

MAURICE VAÏSSE

Seria cansativo expor tudo o que se escreveu para explicar por que a derrota da França era inevitável.[1] De fato, desde 1940, toda uma historiografia dedicou-se a explicar a derrota pela evolução histórica da França no entreguerras. A análise notável de Ladislas Mysyrowicz, *Autopsie d'une défaite* [Autópsia de uma derrota], tem o subtítulo "Origens da derrocada militar francesa de 1940",[2] que indica exatamente que, desde 1919, a França se encaminhava para isso. A maioria dos historiadores tem a tendência de analisar uma sequência de acontecimentos à luz de sua conclusão. *Ante hoc, ergo propter hoc.* Em suma, podemos nos perguntar se os historiadores da derrota não tenderam a demonstrar que, antes do confronto militar, a França havia acumulado "batalhas perdidas na diplomacia, na demografia, na economia, no rearmamento: eram muitas derrotas antes de ter dado a palavra às armas".[3] Ao mesmo tempo, Jean-Baptiste Duroselle constrói sua obra insistindo sobre as causas profundas que levaram a França da "decadência ao abismo": "Os franceses entraram na guerra em 3 de setembro e, para esse povo pacífico, isso já era uma derrota moral. A derrota material se seguirá em menos de nove meses."[4] Até mesmo o testemunho de Marc Bloch, em *A estranha derrota*,[5] que permanece a obra mais lúcida sobre as causas do fracasso de 1940, não escapa à constatação da fatalidade da derrota, como explica Etienne Bloch, seu filho, que julga o título "absurdo... Tanto na parte do testemunho quanto na das reflexões, tudo leva a concluir pela previsibilidade da derrota".[6] Essa obra é corroborada pelos estudos históricos mais recentes, mesmo que, como veremos, deva ser atualizada no que se refere à análise das causas da derrota.[7]

Todo tipo de argumento foi utilizado, mas se pode estabelecer uma tipologia: alguns, factuais, são totalmente comprobatórios, já outros são puramente polêmicos. As justificativas especificamente militares, por sua vez, merecem uma discussão aprofundada. Primeiramente, argumentos de fato: a desigualdade demográfica entre a França e a Alemanha, 41 milhões de habitantes contra 60, mas 80 nas fronteiras da grande Alemanha de 1940. Em seguida, o confronto entre um regime totalitário, disposto a tudo para vencer, e um regime democrático frágil, como o da III República, em plena crise, com governos instáveis, incapazes de uma política de longa duração. Por fim, outro argumento frequentemente invocado com pertinência: a contradição entre uma política militar defensiva, simbolizada pela Linha Maginot, e uma política externa que consistia em querer conter a Alemanha nazista por meio de acordos com os Estados da Europa central e oriental. Como a França poderia ajudar esses países, sem força de intervenção externa? Isso parece evidente no caso tcheco, em 1938, e no caso polonês, em 1939.

Outros argumentos são mais controversos. Por um lado, alguns acusam os governos da Frente Popular de não terem preparado uma política de rearmamento à altura do que teria sido necessário frente ao inimigo e de terem até mesmo desmobilizado o esforço francês pela introdução da semana de 40 horas e pela nacionalização das fábricas de armamento. Em resumo, se a França foi vencida, foi porque a Frente Popular não equipou o exército francês o suficiente, por antipatriotismo e convicção ideológica pacifista. Por outro lado, aponta-se para a traição das classes possuidoras que teriam, por ódio à esquerda e à Frente Popular, favorecido a vitória da Alemanha nazista, regime que tinha sua preferência. "Os hitleristas não eram, em suma, tão malvados quanto se dizia, e mais sofrimentos seriam sem dúvida poupados se todas as portas lhes fossem abertas ao invés de se opor pela violência à invasão."[8] Os trabalhos da comissão de inquérito parlamentar e os processos da purga invalidaram o papel dos complôs de extrema-esquerda ou de extrema-direita que levassem ao derrotismo. Portanto, esses fatores provavelmente não foram determinantes, mesmo que se tenha observado, de fato, uma certa desorganização das fábricas de guerra e carência de alguns materiais.

Em contrapartida, os argumentos militares devem ser considerados com atenção. Todos os autores acompanham a análise de Marc Bloch (e de Charles de Gaulle, aliás) de que as causas imediatas da derrota foram técnicas e se deveram à carência da doutrina militar e às insuficiências da preparação e do equipamento do Exército. Esses argumentos tendem a mostrar que a derrota não era inevitável. Eles dizem respeito ao papel dos combatentes, às estratégias dos dois beligerantes e à inferioridade das forças francesas comparadas às alemãs. Uma reavaliação desses fatos foi explorada com a publicação do livro de Kasrl-Heinz Frieser, que demonstrava com brio que a Blitzkrieg era uma invenção jornalística, ou melhor, que essa estratégia, que foi tão bem-sucedida, não fora nem prevista nem concebida como tal.[9]

Com frequência se invocou a ausência de combatividade dos soldados franceses, que teriam capitulado sem combater, até mesmo fugido do inimigo. É possível que tenham ocorrido atos de desespero da parte da infantaria confrontada com os blindados e os bombardeiros Stukas alemães, abandonos de posto, como ressalta Marc Bloch quando dá exemplos precisos de bombeiros que fugiram do incêndio empoleirando-se em sua motobomba rebocável: "Tudo podia sucumbir inteiramente, no incêndio lá adiante, desde que se conservasse longe das brasas aquilo que podia apagá-lo." Porém, também se pôde constatar que os franceses lutaram muito na Bélgica e, para defender o território, nas regiões do Oise, Aisne e Somme. Podem-se citar os combates de La Horgne, onde os *spahis*[*] deram provas de sangue-frio, e de Stonne, na região das Ardenas; o contra-ataque sobre Abbeville em 28 de maio, conduzido pelo 4º DCR do general De Gaulle; a defesa do vale do Loire pelos cadetes de Saumur, sem falar da resistência das guarnições da Linha Maginot. Em todo o *front*, as forças francesas registram aproximadamente 65 mil mortos em 5 semanas (estimativas anteriores calculavam 100 mil perdas).

E quanto às estratégias? O que espanta, de fato, é a rapidez da derrota francesa, como se um exército considerado o mais forte do mundo tivesse sido posto fora de combate em um duelo desigual. Isso foi interpretado como a prova do sucesso de um exército ultramoderno sobre um exército antiquado; viu-se nisso a vitória da Blitzkrieg travada pela Wehrmacht contra a falta de estratégia francesa. Na realidade, a ideia de que o Exército alemão era ultramoderno e totalmente motorizado é uma lenda. Ao lado de um exército bem equipado, encontravam-se entre os alemães e também no exército francês divisões mecanizadas ou motorizadas e divisões equipadas de armamentos antigos e muito dependentes da tração animal.

Por outro lado, a campanha de 1940 feita pelo Exército alemão não se assemelha absolutamente a uma Blitzkrieg: é uma operação

---

[*] N.T.: Regimentos de cavalaria recrutados no Magreb.

do campo militar-tático e não político-estratégico, baseada em uma das forças essenciais da arte da guerra: a surpresa. É também uma campanha de infantaria que quase fracassou. De fato, a ideia central do plano alemão é a de uma manobra de envolvimento pela Bélgica e de um ataque surpresa passando pelas Ardenas. Ainda que posto de lado, o general Von Mainsten, que concebeu esse plano, consegue que seja adotado, podendo ainda contar com o general Guderian, que não somente contribui com seu conhecimento excepcional dos blindados e das técnicas de transmissão, mas também com seu vasto conhecimento do terreno desde a Grande Guerra.

A França, por sua vez, não tinha estratégia? Isso também é falso. Na verdade, a estratégia francesa consistia em uma fase defensiva inicial, perfeitamente coerente com sua situação demográfica. Em razão da proximidade da Guerra de 1914-1918 e das enormes perdas, cerca de 1,5 milhão de mortos, os franceses – militares e civis – são profundamente pacifistas. A fim de evitar que a hemorragia da Primeira Guerra se renove, a França adota uma estratégia de guerra longa, uma doutrina defensiva, simbolizada pela Linha Maginot. Ela consiste em esperar que, asfixiada pelo bloqueio que lhe é imposto, a Alemanha possa ser invadida ou ser forçada a negociar. Essa estratégia se baseia na ideia de que as fronteiras francesas do leste estão protegidas: ao norte, pela Bélgica, que se declarou neutra em 1936; no Reno, pela Linha Maginot; e, entre os dois, por um maciço montanhoso considerado intransponível. O marechal Pétain e o general Gamelin são partidários incondicionais dessa guerra defensiva. A campanha de 1940 foi prevista como uma guerra longa, semelhante à Primeira Guerra Mundial, e não como uma guerra curta. E a Linha Maginot é concebida como um obstáculo em que se apoiar para ganhar tempo e desenvolver uma guerra de manobra. Mas o adversário alemão não se comporta como previsto. Ele recorre a uma força de combate irresistível no momento decisivo e no ponto mais indefeso. Quando se constatou uma defesa menor do setor das Ardenas, o marechal Pétain argumentou que os alemães não se aventurariam nesse setor e que, se o fizessem, seriam apanhados na saída. Já o general Gamelin previa uma batalha na Bélgica e julgava que o obstáculo das Ardenas e do rio Meuse bastaria para dissuadir o Exército alemão. Aliás, quando toma conhecimento, na manhã do dia 10 de maio, da ofensiva pelas Ardenas, ele se alegra com isso, pois a considera fadada ao fracasso. No entanto, a travessia de Sedan acontece: é realizada por três grupos independentes que, por meio de inovações tecnológicas como o tanque, o avião e o rádio, conseguem desqualificar todo o dispositivo francês. Em suma, a campanha de 1940, concebida para ser uma guerra longa, revela-se uma guerra curta.

Em 1940, as forças francesas eram inferiores às alemãs? Isso também é inexato. Os especialistas não têm consenso sobre a avaliação do Exército francês em setembro de 1939. Mas, desse ponto de vista, o testemunho acusador de Marc Bloch é contestável. Evocando a especificidade dessa guerra, ele afirma: "Não se fabricaram aviões suficientes, motores ou tanques".[10] Na realidade, o esforço de armamento da III República não foi absolutamente pequeno: as despesas militares da França entre 1919 e 1939 são maiores do que as das outras potências, a tal ponto que a França ficou no banco dos réus durante a conferência do desarmamento de 1932. O governo de Léon Blum lançou um plano de rearmamento em setembro de 1936,[11] de modo que, em 1938, as despesas militares são duas vezes e meia maiores do que em 1913. Então, até mesmo em termos de técnicas e de armas, alemães e franceses se encontram em relativa igualdade. Os tanques franceses são até superiores em número aos alemães: 3.200 contra 2.400 (esses dados são evidentemente variáveis; outros indicam quase o mesmo número, 2.574 tanques franceses contra 2.285 alemães). Também são superiores em qualidade (sobretudo o tanque B1), pois o Tratado de Versalhes proibira aos alemães a construção de tanques. Quando começam a fabricá-los, estão uma geração atrasados. A artilharia pesada é equivalente nos dois lados, mas o canhão de 75mm dá vantagem aos franceses. Observa-se que as dotações em material antiaéreo e antitanque são insuficientes do lado francês em 10 de maio, sem contar os sistemas de transmissões muito medíocres.

Em contrapartida, os alemães são superiores aos franceses no campo aéreo, mesmo que, em termos numéricos, os aviões aliados sejam mais numerosos do que os alemães: 4.500 contra 3.500, embora, como sabemos, os aviões britânicos tenham permanecido essencialmente do outro lado do canal da Mancha. Mas os números são apenas relativos. De que adianta os franceses disporem de recursos numericamente equivalentes aos dos alemães se a questão é, em primeiro lugar, de disponibilidade real? De fato, muitos aviões franceses não eram "bons de guerra", já que estavam sem equipamento, sem hélice, sem trem de pouso e sem armamentos, pois se temia que os operários das fábricas de aviação, conhecidos por seu engajamento político e sindical, se apoderassem deles.

Mais grave ainda é o problema da doutrina de emprego, pois a aviação militar não goza de verdadeira autonomia: uma parte dessa força aérea está à disposição das forças terrestres; a outra metade, que depende do general Vuillemin, chefe de Estado-Maior da aeronáutica, também está dividida em diferentes grupos, em especial, a aviação de caça. O mesmo acontece com os tanques. É fato que os franceses contam com tanques, mas sua doutrina de emprego não é adequada: a direção da infantaria consegue conservar o controle dos tanques em um trabalho de acompanhamento das tropas. Por muito tempo, uma força blindada autônoma não se mostra necessária, apesar dos argumentos de Charles de Gaulle, que se posicionou, já em 1934, em *Vers l'armée de métier* [Rumo a um exército profissional], pela constituição dessa força. Será preciso esperar o desencadeamento da guerra para ver a constituição das primeiras divisões blindadas, mesmo que não estejam ainda em condições de manobrar corretamente devido a um abastecimento deficiente de combustível. Em certos casos, eram necessárias horas para encher o tanque de um canhão, o que foi muitas vezes fatal. Na falta de combustível, inúmeros tanques da 1ª DCR ficaram imobilizados em 14 de maio, na região de Charleroi. Em compensação, os alemães haviam planejado levar caminhões carregados de galões para assegurar o abastecimento rápido de seus blindados. Quando atacam no setor de Sedan, concentram ali a metade de suas forças mecanizadas.

A concepção da guerra e do comando também causam problemas. Desde o fim da Primeira Guerra, os franceses entenderam o que faria a diferença na guerra moderna: poder de fogo, mobilidade, importância da logística e do poder industrial da nação. Mas tudo é concebido para uma batalha muito bem planejada, metódica, e não para uma Blitzkrieg. Quando Marc Bloch acusa a incapacidade do comando,[12] ele aponta o dedo para um critério essencial, o ritmo das operações e a lentidão da reação do lado francês: "Do início ao fim da guerra, o compasso do metrônomo dos Estados-Maiores esteve atrasado". Na verdade, os alemães, que tomam a iniciativa, impedem a tática de protelação dos franceses. Seus oficiais tomam iniciativas e até assumem riscos contrários às ordens recebidas, já que a manobra alemã estava baseada na rapidez e na mobilidade. Guderian e Rommel ignoram as ordens de Hitler para diminuir sua progressão. Do lado francês, questionou-se justamente a pouca capacidade de autonomia dos quadros e um exército ofuscado, à imagem do general Gamelin, por uma gestão racional da guerra, de forma que o ritmo é lento, ilustra uma concepção estática da guerra e um sistema de comando bem rígido. Informado da ameaça alemã em Sedan em 13 de maio, às 22h35, Gamelin só vai reagir em 15 de maio. Jean-Louis Crémieux-Brilhac evoca a surpresa desses oficiais que não reconheceram a guerra quando se encontraram diante dos alemães, habituados que estavam à guerra das trincheiras. Quanto ao comando, ele se mostra desamparado diante do futuro general Beaufre, então oficial junto ao general Doumenc, que visita, na noite de 13 de maio, o QG do general Georges, responsável pelas operações: "A atmosfera é a de uma família velando um defunto." As operações militares começaram recentemente, mas o moral do comando já está "baixo".[13]

Derrota inevitável? Não, como acabamos de ver. Ou melhor, era possível evitar a derrota quando a guerra começou em setembro de 1939. Assim, o período chamado de "guerra de mentira", uma verdadeira trégua, não foi bem aproveitado. É claro que o próprio general Gamelin se esforçou para tirar lições da derrota da Polônia. O Estado-Maior francês fez tudo para estudar e assimilar os métodos utilizados pelos alemães para vencer os poloneses e para melhorar o treinamento do Exército francês, mas quase sempre se tratou de utilizar os homens para desviar dos agrupamentos e fortificar as posições. Porém, também houve muitos erros e imobilismo. Os franceses desperdiçaram oito meses de guerra de mentira ao não reunir suas forças blindadas em unidades encouraçadas, como sugeria Charles de Gaulle. Sabe-se que a quarta divisão encouraçada, confiada justamente ao coronel De Gaulle, foi totalmente improvisada no campo de batalha. A manobra "Dyle" imaginada pelo general Gamelin, que consistia em levar para a Bélgica as melhores forças francesas (em razão de sua mobilidade e profissionalismo), já contradizia a doutrina defensiva e era aventureira (na medida em que a Bélgica se declarara neutra em 1936), mas podia ser concebida para evitar a invasão e a ocupação do território nacional.[14] Em 20 de março, Gamelin acrescenta a variante "Breda", que consiste em penetrar ainda mais com as unidades mecanizadas e em se articular com o Exército holandês. Isso significa que a estratégia francesa, coerente com toda uma série de restrições demográficas, históricas, geográficas etc., perde-se em razão desse aventureirismo em uma batalha de confronto. Quando a armadilha se fecha sobre o Exército francês, atingido nas Ardenas e cercado na Bélgica, a interrogação de Winston Churchill, referindo-se ao precedente da Grande Guerra – "Onde estão as reservas?" – é ainda mais trágica. Não há reservas, ou melhor, a localização e a distribuição das tropas são tais que as forças de reserva não podem agir rapidamente, tornando difícil qualquer contra-ataque.

Por fim, as forças alemãs se beneficiam de uma sucessão de milagres. Quando os blindados e as tropas de Guderian atravessam as Ardenas, assiste-se a um engarrafamento gigante de 41 mil veículos no estreito corredor. As forças francesas poderiam ter aproveitado para atacá-las, mas as rivalidades entre aviadores e forças terrestres retardam a decisão de intervenção, e a concentração dos recursos alemães é tal que varre a Resistência francesa. O "milagre de 1940", do ponto de vista alemão, também se apoia na importância do medo nas tropas francesas provocado pelo avanço dos tanques alemães. O pânico de Bulson provocou o desmoronamento de um *front* devido aos rumores sobre a presença de tanques que, no momento do ataque, ainda não tinham ultrapassado o rio Meuse. As tropas que se encontram nesse setor não eram destinadas ao combate: elas refluem diante do avanço alemão, que parece tão incompreensível que se atribui a uma quinta coluna. O medo dos tanques é amplificado pela utilização de Stukas, cuja sirene toca nas descidas em mergulho. Além disso, a campanha da França é uma Blitzkrieg improvisada e bem-sucedida apesar das ordens de prudência de Hitler e do alto-comando alemão, pois, após a tomada de Sedan, Guderian não as respeita e decide se dirigir para o oeste, em direção da Mancha, para evitar que os Aliados tenham tempo de constituir uma nova linha de defesa. Em resumo, como demonstra Ernest May, parece mais difícil explicar a rápida vitória da Alemanha do que a derrota francesa; suas conclusões estão resumidas no título[15] da obra *Strange Victory,* que responde bem ao do livro de Marc Bloch, que não era tão absurdo assim.

NOTAS

[1] Sobre a historiografia da derrota, remeto aos dois artigos de Francois Cochet: "La campagne de France; mai-juin 1940, ou le retour sur les circonstances d'une étrange victoire allemande", em Pierre Allorant, Noelline Castagnez e Antoine Prost (dir.), *Le Moment 1940. Effondrement national et réalités locales*, Paris, L'Harmattan, 2012; e "Relire la défaite à l'aune de l'historiographie récente", em Yves Santamaria e Gilles Vergnon (dir.), *Mai-juin 1940, un trou noir mémoriel?*, Paris, Riveneuve, 2015. Recomendo o texto de Philippe Garraud, "Le rôle de la doctrine défensive dans la défaite de 1940", em *Guerres morales et conflits contemporains*, n. 214, 2004. Cf. Sobre o tema deste artigo, Olivier Wieviorka, "La défaite etait-elle inéluctable?", *L'Histoire*, abr. 2010.

[2] Ladislas Mysyrowicz, *Autopsie d'une défaite*, Lausanne, L'Age d'Homme, 1973.

[3] Henri Michel, *La Défaite de la France*, Paris, PUF, 1980.

[4] Jean-Baptiste Duroselle, *La Décadence, 1932-1939*, Paris, Imprimerie nationale, 1984; *L'Abîme, 1939-1944*, Paris, Imprimerie nationale, 1983.

[5] Marc Bloch, *L'Etrange Défaite*, Paris, Gallimard, coll. Folio, 1990. As citações são da edição de 1946.

[6] Correspondência de Etienne Bloch endereçada à revista *L'Histoire* e publicada no n. 236, out. 1999.

[7] Cf. Maurice Vaisse (dir.), *Mai-juin 1940. Défaite française, victoire allemande sous l'oeil des historiens étrangers*, Paris, Autrement, 2000; reedição, 2010.

[8] Marc Bloch, *op. cit.*, p. 160.

[9] Karl-Heinz Frieser, *Blitzkrieg-Legende, der Westfeldzug, 1940*, Munique, Oldenbourg, 1995. Tendo convidado esse autor a participar, em 1997, de um colóquio no Centre d'Études d'Histoire de la Défense, considerei – com Laurent Henninger – que a novidade da proposta era tal que esse livro devia ser traduzido para o francês. Marie-Claude Brossollet, P-DG da editora Belin, ouviu nossa sugestão e *Le Mythe de la guerre-éclair: La campagne de l'Ouest de 1940* foi publicado em 2003.

[10] Marc Bloch, *op. cit.*, p. 154.

[11] Robert Frankenstein, *Le Prix du réarmement français, 1935-1939*, Paris, Publications de la Sorbonne, 1982.

[12] "Muitos erros diversos... levaram nossos exércitos ao desastre. Uma grande carência, entretanto, prevalece sobre todos", em Marc Bloch, *L'Etrange Défaite, op. cit.*, p. 66.

[13] General Beaufre, *Le Drame de 1940*, Paris, Plon, p. 233 e 235.

[14] Bruno Chaix, *En mai 1940, fallait-il entrer en Belgique?Décisions stratégiques et plans opérationnels de la campagne de France*, Paris, Economica, 2005.

[15] Ernest May, *Strange Victory: Hitler's Conquest of France*, Nova York, Hill & Wang, 2000.

BIBLIOGRAFIA SELECIONADA

Bloch, Marc, *L'Etrange Défaite*. Paris: Gallimard, coll. Folio, 1990.

Cremieux-Brilhac, Jean-Louis, *Les Français de l'an 40*. Paris: Gallimard, 1990.

Frieser, Karl-Heinz, *Le Mythe de la guerre-éclair*. Paris: Belin, 2003.

May, Ernest, *Strange Victory: Hitler's Conquest of France*. Nova York: Hill & Wang, 2000.

Mysyrowicz, Ladislas, *Autopsie d'une défaite*. Lausanne: L'Age d'Homme, 1973.

Vaisse, Maurice (dir.), *Mai-juin 1940. Défaite française, victoire allemande sous l'oeil des historiens étrangers*. Paris: Autrement, 2000; reed., 2010.

Vaisse, Maurice; Doise, Jean, *Diplomatie et outil militaire, 1871-2015*. Paris: Le Seuil, nova edição atualizada, 2015.

Hitler antecipou
um ataque de Stalin

JEAN LOPEZ e LASHA OTKHMEZURI

Entre as lendas que atrapalham a percepção da Segunda Guerra Mundial, uma tem lugar destacado por seu radicalismo: ao desencadear a operação Barbarossa, em 22 de junho de 1941, Hitler teria apenas antecipado em alguns dias uma ofensiva soviética. É possível, com razão, qualificar essa tese de revisionista na medida em que desconsidera o julgamento comum sobre um dos acontecimentos mais importantes do século XX. Julgamento que deve ser tomado no sentido jurídico. O tribunal militar internacional de Nuremberg reconheceu como culpados "de complô e de crime contra a paz" – principalmente de agressão premeditada contra a URSS – o *Reichsmarschall* Göring, o marechal de campo Keitel e o general Jodl, principais conselheiros militares de Hitler, assim como Joachim von Ribbentrop, ministro das Relações Exteriores, para citar apenas alguns. Os três juízes ocidentais de Nuremberg teriam sido enganados por seu colega soviético, o major-general Iona Nikitchenko? Göring, Keitel, Jodl e Ribbentrop teriam dito a verdade, ao repetir até o fim que o III Reich se encontrava, em 1941, em estado de legítima defesa diante da URSS? O Exército Vermelho estava se preparando para marchar sobre Berlim? "O ataque pérfido, predador e desleal"[1] contra uma União Soviética pacífica seria apenas uma mentira stalinista para mascarar intenções deliberadamente agressivas?

A TEORIA DO QUEBRA-GELO

O primeiro ponto que salientamos é a antiguidade dessa tese. De fato, foi levantada no próprio dia do ataque, 22 de junho de 1941, na proclamação de Hitler ao povo alemão, assim como em sua ordem do dia aos soldados da Frente Oriental. O Führer menciona a presença de "160 divisões russas" em sua fronteira, aponta inúmeras violações do espaço aéreo alemão pelos aviões vermelhos – o contrário do que acontece de fato – e inventa totalmente uma penetração armada de tropas soviéticas nos dias 17 e 18 de junho, "repelida após longas trocas de tiros".[2] A mentira é clássica – já tinha sido usada em Gleiwitz, contra a Polônia, em 31 de agosto de 1939, e seu único objetivo era justificar para a opinião pública alemã a ruptura unilateral do pacto de não agressão assinado em 23 de agosto de 1939. Nenhum historiador ocidental se deixou enganar com isso, que parece ter sido criado diretamente por Hitler. De fato, a tese do ataque preventivo permaneceu relegada durante 40 anos aos artifícios da propaganda nazista.

Ela ressurge em meados dos anos 1980, sob a pena de Viktor Suvorov, pseudônimo de Vladimir Bogdanovich Rezun, um oficial da inteligência militar soviética que passou para o oeste em 1978 e foi condenado à morte em seu país. Um primeiro artigo – "Quem planejava um ataque em junho de 1941, Hitler ou Stalin?" – é publicado em maio de 1985, seguido de um livro em russo, lançado em Paris em 1988, com o título *Ledokol* (*Icebreaker* em inglês; Quebra-gelo). A obra passa a ser conhecida internacionalmente na versão alemã (1989), depois inglesa (1990) e em sua reedição em russo em 1992, em Moscou, um ano após a dissolução da URSS. O *Times*, de Londres, e o *Frankfurter Allgemeine Zeitung* lhe dão publicidade positiva. O sucesso popular é fenomenal na Alemanha, na Áustria, nos ex-países satélites de Moscou e, sobretudo, na Rússia, onde *Icebreaker* ultrapassa dez milhões de exemplares vendidos.[3] Após uma disputa de vinte anos que produziu centenas de livros e de artigos, a imensa maioria dos historiadores rejeita a obra Suvorov-Rezun e a ideia de uma guerra preventiva. Contudo, ainda existe um núcleo duro de irredutíveis, em graus diversos, como Joachim Hoffmann e Walter Post, na Alemanha, Heinz Magenheimer, na Áustria, Richard Raack, nos Estados Unidos, Mikhail Meltiukhov e, mais prudentemente, Vladimir Nevejine, na Rússia.

A obra de Suvorov não é acadêmica. É um panfleto, um pasquim, uma denúncia violenta contra Stalin, transformado em um diabo onisciente capaz de prever o curso da História mundial com vinte anos de antecedência. Suvorov acusa o ditador de ter contribuído para a ascensão de Hitler, de ter desencadeado a Segunda Guerra Mundial e de ter favorecido as vitórias alemãs para, chegado o momento, passar ao ataque e sovietizar toda uma Europa imersa no caos e esmagada pela ocupação nazista. O Exército Vermelho estava quase pronto a atacar quando Hitler se antecipou, por alguns dias apenas, segundo Suvorov. Os historiadores desmontaram com facilidade a argumentação de *Icebreaker*, que tem inúmeros erros factuais, citações truncadas, afirmações gratuitas e que nunca se preocupa com as intenções alemãs. Apesar dessas refutações, a obra de Suvorov enraizou até hoje a tese do ataque preventivo em milhões de consciências, a leste do Reno e até os Urais. Contudo, sua publicação teve efeitos positivos porque forçou a abertura, ou reabertura, de dois importantes temas de estudo históricos. O primeiro reapresenta a questão da natureza da política externa de Stalin entre 1939 e 1941 e depois disso; o segundo, dirigido mais especificamente aos historiadores militares, visa explicar o dispositivo ofensivo do Exército Vermelho quando atacado pela Wehrmacht. E, para unir as duas questões numa única: a que plano político e estratégico o Exército Vermelho se preparava para responder no verão europeu de 1941?

BARBAROSSA, O MAIS FERVOROSO DESEJO DE HITLER

Antes de esboçar algumas respostas a essas perguntas, é preciso relembrar uma certeza perfeitamente confirmada após sessenta anos de pesquisas sobre as intenções de Hitler. Ao atacar a União Soviética, o líder do III Reich não respondeu a uma ameaça militar. Desde sua chegada ao poder em 1933, ele declarou a seus generais sua intenção de conquistar e colonizar o Leste Europeu. O historiador Rolf-Dieter Müller[4] mostrou que a Wehrmacht sempre desenvolveu planos contra a URSS e para um ataque surpresa, até o outono de 1939. Se tradicionalmente se data a decisão de destruir a União Soviética em 31 de julho de 1940 – a diretriz remonta a 18 de dezembro seguinte –, ela foi precedida, em junho, por preparativos feitos por *iniciativa única* do alto-comando do exército. Hitler e a

Wehrmacht sempre desejaram, em perfeita comunhão, acertar as contas com o "bolchevismo judaico", bem antes que o pacto Molotov-Ribbentrop, de 23 de agosto de 1939, desse aos dois futuros adversários uma fronteira comum.

Hitler não somente não temia um ataque soviético, mas, ao contrário, suspeitava que novas concessões de Stalin viessem privá-lo, no último momento, de sua cruzada ideológica e racial. Não se encontra qualquer menção a preparativos soviéticos de ataque nos discursos de Hitler a seus generais, principalmente no de 30 de março de 1941, tampouco nos diários pessoais dos marechais e generais alemães que comandaram os exércitos concentrados no leste. Pelo contrário, em 11 de março de 1941, Von Bock, comandante do grupo de exércitos Centro, observa: "Oficiais de inteligência vindos da Lituânia mencionam grandes manobras russas nos países bálticos e dizem que elas mascarariam um movimento para atacar a Alemanha. Impossível acreditar nisso!". Em 27 de março: "Pouquíssimas coisas levam a pensar na probabilidade de um ataque russo."[5] O general Erich Marcks, pai de uma das versões da operação Barbarossa, chegará a lamentar que os russos não lhe façam o favor de serem os primeiros a atacar.[6]

Retomemos a primeira das questões reacendidas pela obra de Suvorov, *Icebreaker*. O que buscava Stalin: a segurança das fronteiras da URSS, ou a exportação pela força, ou a subversão, ou ambas, do modelo soviético? O leitor pode se decepcionar, mas ainda não se tem a resposta para essa pergunta. Os especialistas da área se encontram num *continuum*, que vai da busca de segurança antes de tudo ao prosseguimento da revolução mundial. Já a historiadora alemã Bianka Pietrow-Ennker vê a origem do desastre do verão europeu de 1941 no desejo de Stalin de matar esse coelho com uma só cajadada. A esse gradiente se sobrepõe um segundo, sobre a natureza de Stalin diplomata: o georgiano seria um realista, um pragmático oportunista ou um ideólogo escolhido por Lênin exatamente por sua propensão a pensar sempre como bolchevique? Mais uma vez, abundam os perfis contraditórios: o russo Oleg Khlevniuk adere ao segundo, o israelense Gabriel Gorodetsky, ao primeiro.

Neste capítulo, a questão é de dimensão mais reduzida. Busca-se saber, para além do lugar da ideologia no pensamento de Stalin, se há provas da existência de um "complô contra a paz" urdido por ele, retomando a terminologia do julgamento de Nuremberg. Suvorov apresenta duas, ditas pelo próprio Stalin: seus discursos de 19 de agosto de 1939[7] e de 5 de maio de 1941.

19 DE AGOSTO DE 1939:
O DIA EM QUE STALIN DESENCADEOU
A SEGUNDA GUERRA MUNDIAL?

Em 19 de agosto de 1939, por volta das 22 horas, Stalin convoca uma reunião secreta de urgência do Bureau político e dos chefes da seção russa do Kominterm, a Internacional Comunista. Na ante-véspera, o embaixador alemão em Moscou, Schulenburg, em nome de Ribbentrop, propôs a Molotov a conclusão de um pacto de não agressão entre o Reich e a URSS. Nesse momento crucial, portanto, Stalin teria exposto a um pequeno grupo o papel que a URSS deveria desempenhar, enquanto a Europa assistia a uma caminhada para a guerra entre o Reich e a Polônia, apoiada pelos franceses e britânicos. Eis algumas linhas do texto que reproduz seu discurso:

> A paz ou a guerra. Essa questão entrou em sua fase crítica. Sua resolução depende totalmente da posição que a URSS assumirá. [...] Se aceitarmos a proposta da Alemanha, que vocês conhecem, de

> fazer com ela um pacto de não agressão, a Alemanha certamente atacará a Polônia, e a intervenção da Inglaterra e da França nessa guerra será inevitável. Nessas circunstâncias, teremos muitas chances de ficar fora do conflito e poderemos esperar nossa vez com vantagem. [...] Portanto, nosso objetivo é que a Alemanha possa conduzir a guerra o máximo de tempo possível para que a Inglaterra e a França se cansem e se esgotem a tal ponto que não possam mais vencer a Alemanha. [...] Ao mesmo tempo, precisamos intensificar o trabalho ideológico nos países beligerantes para que estejamos bem preparados quando a guerra terminar.

Esse texto mostraria a duplicidade e a responsabilidade de Stalin no desencadeamento da guerra. Poderíamos também ver nele a ideia principal de Suvorov: a Alemanha nazista era manipulada para se tornar a precursora do comunismo na Europa, o "quebra-gelo" de Stalin. Esse argumento foi abundantemente utilizado, primeiro por Goebbels, depois pelos defensores de Suvorov. Em suas memórias,[8] Churchill cita, de passagem, essa reunião do Bureau político de 19 de agosto de 1939. Já em 1958, o historiador alemão Eberhardt Jäckel levantou sérias dúvidas sobre a autenticidade do texto atribuído a Stalin.[9] Refazendo seu percurso e o de suas diversas variantes, ele concluiu que se tratava de uma falsificação, talvez fabricada por quem a transmitiu à agência Havas, em 28 de novembro de 1939, um jornalista suíço ferozmente anticomunista, Henry Ruffin. A descoberta de um exemplar do texto nos arquivos soviéticos, em 1996, reacendeu tanto o debate que o historiador russo Serguei Slutsch recomeçou a investigação em 2004. Após uma surpreendente crítica interna e externa do documento,[10] ele demonstrou, com toda a clareza necessária, que se trata mesmo de uma falsificação evidente, que nenhuma reunião do Politburo aconteceu naquele dia e que Stalin nunca teria compartilhado suas reflexões estratégicas com esse órgão e menos ainda no Komintern.

A SAUDAÇÃO DO KREMLIN

O segundo discurso utilizado por Suvorov para demonstrar as intenções hostis da União Soviética é datado de 5 de maio de 1941. Ele adquire maior importância porque é também o primeiro pronunciamento de Stalin em seu novo papel de presidente do Conselho dos Comissários do Povo. Em 4 de maio, de fato, o Secretário-Geral do Partido sai definitivamente da penumbra institucional onde se mantinha desde 1924 e se torna chefe do governo no lugar de Molotov. Diferentemente do discurso de 19 de agosto de 1939, esse não é secreto e aconteceu realmente, na grande sala do Kremlin, diante de dois mil oficiais recém-saídos das academias e faculdades militares, em presença da nata política e militar soviética. Após um pronunciamento de 40 minutos, Stalin faz várias saudações acompanhadas de breves discursos. A análise desses diferentes pronunciamentos motivou muitos comentários, sobretudo porque não se dispõe dos textos originais, somente uma versão resumida e depositada nos arquivos do Partido Comunista da União Soviética, em 1948, e notas tomadas por testemunhas. O ponto comum em todas as versões é que Stalin se dedicou a regozijar-se pelos progressos do Exército Vermelho e a exortar os oficiais presentes a não temer o Exército alemão. Porém, interpelado por um oficial que lhe propõe um brinde à paz, Stalin muda de tom:

> Permita-me corrigir. [...] Defendendo nosso país, devemos agir ofensivamente. Passar da defesa para uma doutrina militar de ofensiva. Devemos transformar nosso treinamento, nossa propaganda, nossa agitação, nossa imprensa no sentido do espírito ofensivo. O Exército Vermelho é um exército moderno, e um exército moderno é um exército ofensivo.[11]

Ver nessa resposta de Stalin, como Suvorov e seus defensores, o anúncio puro e simples de uma guerra preventiva contra a Alemanha é inferir demais. Como pretender que a guerra preventiva é um "grande segredo" e pensar que ele possa ser revelado em uma saudação? O discurso não diz nada que já não seja conhecido por todos: o Exército Vermelho é treinado para o ataque desde que surgiu. Stalin apenas desenvolveu, para um público de especialistas, um discurso que fizera em 17 de abril de 1940 sobre a oposição entre a "guerra defensiva, isto é, atrasada" e a "guerra ofensiva, isto é, moderna".[12] Esse tema foi retomado mil vezes desde o início dos anos 1930, no grande debate doutrinário que opôs Alexandre Svetchine, partidário da defesa estratégica, e Mikhail Tukhachevsky, apóstolo das operações ofensivas mecanizadas em profundidade.

Pode-se ao menos sustentar que Stalin quis mostrar os dentes para Berlim? Mas então por que o *Pravda*, que dá manchete no dia seguinte a essa cerimônia, publica apenas estas frases insípidas: "Em seu discurso, o camarada Stalin salientou as mudanças profundas ocorridas no Exército Vermelho nos últimos anos e ressaltou que ele se reorganizou e se armou a partir da experiência adquirida da guerra moderna".[13] Resultado: o conteúdo do discurso levará um mês até chegar a Hitler, por meio das informações diplomáticas colhidas pela embaixada alemã em Moscou. Existem avisos mais evidentes e mais diretos! Sabendo-se que todos os discursos de Stalin são sistematicamente publicados no *Pravda*, pode-se deduzir que ele *proibiu* que o redator-chefe publicasse. Por uma razão simples: não queria nem aborrecer nem alarmar o Reich.

Alguns dias após essa cerimônia, Stalin dirá a Jukov, chefe de Estado-Maior geral, que buscou apenas fortalecer o moral dos jovens oficiais presentes, insistindo em duas ideias: o Exército

Vermelho é forte e a Wehrmacht não é invencível. O que tem isso de surpreendente, três semanas depois de a Wehrmacht destruir os Exércitos iugoslavo e grego com perdas ínfimas? Compreende-se que os quadros do Exército Vermelho tenham ficado apreensivos com a ideia de um dia enfrentar um exército que parece, então, invencível ao mundo inteiro. Foi exatamente assim que entendeu Chtcherbakov, secretário do Comitê Central, durante uma reunião, entre 8 e 9 de maio, com dirigentes da mídia soviética, aos quais pede que "desmascar[em] o mito da invencibilidade da Wehrmacht".[14] No dia seguinte, Palgunov, chefe do departamento de imprensa no ministério das Relações Exteriores, mostra também que compreendeu a saudação do chefe: envia à direção da propaganda no Comitê Central suas propostas de diretrizes a serem endereçadas aos jornais. Nelas, ele diz que devem ser publicados artigos "analisando objetivamente as operações militares do Exército alemão de 1939 a 1941, onde serão ressaltadas as fragilidades táticas e estratégicas da Wehrmacht e os erros de seus adversários".[15] Nada disso remete a ataques agressivos prenunciando um plano de guerra preventiva – pelo contrário, é sinal de um medo profundo do inimigo potencial.

O ATAQUE PREEMPTIVO PROPOSTO POR JUKOV

Pode-se ficar tentado a relacionar o discurso de 5 de maio a várias reuniões e decisões que acontecem nos dez dias seguintes. Tomadas em conjunto, elas pareceriam indicar – como fazem os seguidores de Suvorov – que, na cerimônia do dia 5 de maio, Stalin propôs uma mudança de direção nas relações soviético-alemás que podia ser o prelúdio de uma guerra.

Em 13 de maio, o Estado-Maior geral ordena o transporte para o oeste de quatro exércitos e de um corpo de infantaria estacionados no interior, ou seja, cerca de 500 mil homens. Essa medida pode ser relacionada à decisão, tomada alguns dias antes por Timoshenko e Jukov, com a aprovação de Stalin, evidentemente – ainda que conseguida com dificuldade –, para proceder a uma mobilização parcial clandestina, sob o disfarce de grandes manobras. No total, 802 mil homens foram convocados, o que permitiu reforçar os efetivos de 99 das 198 divisões destinadas ao teatro ocidental de operações.[16]

No dia 14 de maio, o Alto Conselho Militar se reúne com Jdanov, Malenkov, Timoshenko, Jukov, Budienny e Shapochnikov. Na pauta, um relatório de Alexandre Zaporozhets, chefe da Direção Geral da Propaganda Militar, que apresenta um "Balanço da Inspeção referente à questão da instrução política nas unidades do Exército Vermelho". Do que se tratou? Muito certamente do memorando que Zaporozhets havia entregado em janeiro a Andrei Jdanov sobre o "efeito da propaganda de guerra na população". Esse texto denunciava os "progressos de um estado de espírito pacifista" e indicava que, para a maioria, o dever internacionalista do Exército Vermelho primava sempre pela defesa da pátria socialista. Essa suposição é tanto mais provável porque, ao aceitar a candidatura de Zaporozhets ao Comitê Central, na primavera de 1941, Stalin pareceu corroborar essas críticas e encorajar a insuflar um pouco de impulso guerreiro nos soviéticos.

Enfim, em 15 de maio, Jukov e seu ministro de tutela, Timoshenko, propõem a Stalin atacar de maneira preemptiva[17] o Exército alemão, que está se concentrando nas fronteiras ocidentais da URSS. Ele escreve "preemptivo" e não "preventivo". Um ataque preventivo se desencadeia quando se julga uma guerra inevitável e pode acontecer até mesmo antes que o adversário tome medidas militares. O ataque preemptivo, em contrapartida, acontece apenas um pouco antes de um adversário que está ultimando seus preparativos de ataque. Essa operação, que recebeu muitas análises,[18] apresenta-se como uma nota manuscrita de cerca de 15 páginas do general Vasilevsky, na qual se lê:

> A Alemanha e seus aliados podem reunir ao todo 240 divisões contra o Exército Vermelho. Tendo em mente que, neste momento preciso, a Alemanha mantém seu exército em estado de mobilização total, com serviços de retaguarda inteiramente mobilizados, ela dispõe do potencial de antecipar nossa própria movimentação e de nos atacar de surpresa. A fim de impedir isso, considero necessário [...] não permitir que o alto-comando alemão tome a iniciativa, anteceder sua mobilização e atacar o Exército alemão enquanto ele se mobiliza e privá-lo assim do tempo necessário para a organização de um *front* e para a coordenação dos diferentes componentes de suas forças.

A operação propõe montar o principal ataque soviético a partir de Lvov, em direção à Cracóvia e ao rio Oder. Em um segundo momento, essa força se viraria para o norte de modo a destruir os grupos de exércitos Centro e Norte em torno de Varsóvia e na Prússia oriental.

Sobre os três pontos apresentados, podem-se fazer algumas observações que os eliminam, em nossa opinião, do dossiê "guerra preventiva".

Primeiramente, os quatro exércitos trazidos do leste e do sul se mantêm a 300 km da fronteira, distribuídos por 500 km. Representam apenas um quinto das forças já concentradas, que não são as mais equipadas. Sua caminhada é tão lenta que não termina em 22 de junho, e é impossível ver nesse movimento uma vontade ofensiva. Do mesmo modo, a mobilização dos reservistas somente responde ao aumento alarmante das forças alemãs na Polônia, revelado em 5 de maio a Stalin por um relatório do setor de informações militar. Ele apenas corrige parcialmente o contingente das divisões, muito abaixo das dotações previstas em tempos de guerra.[19]

Em seguida, embora o recrudescimento da propaganda esteja, de fato, na pauta de múltiplas reuniões (14 de maio, 4 e 9 de junho), não há nenhum resultado claro antes do relatório de Chtcherbakov debatido em 20 de junho – 48 horas antes do ataque alemão.

> O confronto é inevitável. [...] A política externa da URSS não tem nada a ver com o pacifismo. [...] É necessário empregar contra a Alemanha uma estratégia ofensiva. A formação dada a todos os tipos de tropas do Exército Vermelho deve se impregnar de espírito ofensivo. [...] O Exército alemão ainda não encontrou um rival [à sua altura]. Uma colisão com ele não está muito distante.[20]

Mas o Alto Conselho Militar se separa nesse 20 de junho... pedindo uma nova redação do texto![21] Há uma razão simples para essa indecisão dos propagandistas: Stalin não permite nenhuma alusão pública a uma beligerância com o Reich. Como preparar o povo para uma guerra contra um inimigo anônimo?

Por fim, a operação de ataque preemptivo Jukov-Timoshenko é mal costurada, vaga, sem calendário e irrealista do ponto de vista da logística e dos efetivos. Sobre o último ponto, ela contradiz várias declarações de Timoshenko que estabelecem o axioma – respeitado durante toda a guerra – de que, para ter um êxito ofensivo, é preciso dispor, nas "direções principais, de forças duas ou três vezes maiores do que as do adversário". Ora, se globalmente em 22 de junho de 1941 se veem 3,3 milhões de soldados do Eixo atacarem 2,9 milhões de soviéticos, são os alemães que se beneficiam de uma superioridade de 3 a 4 contra 1 nos setores de ataque. Por outro lado, o plano de 15 de maio nada tem de original nas suas propostas operacionais, que retomam os planos estratégicos definidos desde 1940. Será que Stalin o leu? Jukov dirá que sim em entrevistas dadas na década de 1960. Ele acrescenta que a única resposta a seu plano foi um urro de Stalin: "Você ficou louco? Quer provocar os alemães?" Seja como for, o *Vojd* (o "guia") não deu continuidade ao que se mostra mais como um documento de trabalho do que uma operação de guerra.

OS QUATROS PILARES COGNITIVOS DE STALIN

O dia 5 de maio de 1941 parece-nos, na realidade, menos importante no que respeita à saudação de Stalin do que a notícia catastrófica que ele recebe ainda pela manhã. O general Philippe Golikov, chefe do setor de informações militar, enviou nesse dia a toda a direção política e militar um relatório devastador sobre os preparativos alemães. "Nos últimos dois meses, em nossa fronteira, o número de divisões alemãs passou de 70 a 137. Entre elas, o número de divisões Panzers duplicou, passando de 6 a 12. Com as divisões romenas e húngaras, isso totaliza cerca de 130 divisões".[22] No mesmo momento, e independentemente, Vsevolod Merkulov, chefe do NKGB,[23] envia um resumo para Stalin:

> Os preparativos para a guerra em Varsóvia e em todo o território do governo geral avançam abertamente, oficiais e soldados alemães falam publicamente da eminência do conflito entre a Alemanha e a URSS como de uma questão dada. A guerra deveria começar após as semeaduras de primavera. [...] Os alemães preveem, graças a um ataque direto, tomar primeiro a Ucrânia e depois, no final de maio, continuar a ofensiva para o Cáucaso. Os oficiais alemães dentro do governo geral aprendem russo de maneira acelerada e [receberam individualmente] mapas topográficos da zona fronteiriça da URSS.[24]

Como vimos anteriormente, Jukov ressalta as consequências dessa concentração maciça em sua proposta de ataque preemptivo e tira suas conclusões: "Neste exato momento, a Alemanha mantém seu exército totalmente mobilizado, [...] ela dispõe do potencial de antecipar nossa própria movimentação e de nos atacar de surpresa".

Se o relatório Golikov alarmou enormemente Jukov e Timoshenko, também afetou Stalin. Ele provoca um primeiro abalo dos quatro "pilares cognitivos" da política stalinista de um acordo político com Hitler. Por esses pilares, entendemos a série de julgamentos, de pressupostos, de projeções que subentendem, encerram e estreitam a percepção que tem Stalin da situação criada em sua fronteira ocidental. Esses quatro pilares o cegam totalmente, impedem-no de ver a paisagem política e estratégica desastrosa à qual sua política levou desde 1939. Examinemos esses pilares cognitivos.

1. *Stalin está convencido de que Hitler não pode travar uma guerra em duas frentes. Enquanto ele lutar contra a Grã-Bretanha, a* URSS *está tranquila. O único verdadeiro perigo contra a* URSS *é uma coalizão de todas as forças imperialistas.* Esse ponto parece fazer sentido: a Alemanha não perdeu a Primeira Guerra por ter combatido a leste e a oeste? Por essa razão, Stalin não vê na operação Barbarossa – que ele conhece desde o fim de dezembro de 1940, isto é, bem antes da maioria dos generais alemães – senão um roteiro possível *após* uma capitulação britânica. Mas ele negligencia dois fatos. Em primeiro lugar, a luta contra o Império Britânico só envolve a Luftwaffe e a marinha, não o exército, que concentra o grosso do esforço militar germânico; este está disponível para uma campanha a leste. Em seguida, Stalin não percebe o peso da ideologia nas decisões de Hitler; ele só vê no ditador alemão uma espécie de Bismark pequeno-burguês. Tampouco acredita em uma

diferença de natureza entre as democracias e o Estado nazista. Julga que essas diferenças sempre se apagarão, no final, numa hostilidade comum à URSS. Em face da Grã-Bretanha, ele retoma o esquema mental dos bolcheviques durante a Guerra Civil Russa: ela permanece o adversário principal da URSS, o mais perigoso, pois é o que tem mais condições, por tradição, de fazer uma coalizão contra seu país. Assim, todos os avisos dados por Churchill, entre os quais o de 19 de abril de 1941, têm o efeito oposto na mente de Stalin: Londres mente, envenena, busca apenas colocá-lo em conflito com Berlim. Em 10 de maio de 1941, a estranha expedição de Rudolf Hess – o homem mais próximo de Hitler – à Inglaterra angustia ao máximo Stalin, que vê nisso o precursor da "frente imperialista" que ele teme. Mais uma razão, ele decide, para redobrar favores em direção de Berlim.

2. *Para Stalin, existem lutas de facção no Reich. Algumas são favoráveis a um acordo com a URSS; outras, desfavoráveis, especialmente no exército. Hitler sofre as influências cruzadas de ambas. A facção a favor de um acordo duradouro deve ser encorajada por meio da plena cooperação e deve-se evitar estimular a facção agressiva por meio de gestos belicosos.* Esse é mais um vício stalinista herdado do leninismo. Todo poder carrega em si mesmo sua própria contestação, todo bolchevique tem seu menchevique, todo Stalin, seu Trotsky. No que concerne à facção, os meios alemães hostis a um ataque da União Soviética são marginais: uma parcela do aparelho diplomático, um punhado de generais da reserva. Aliás, deve-se observar que é também em 5 de maio de 1941 que o embaixador Schulenburg, no café da manhã, previne seu homólogo Dekanosov das intenções agressivas de Hitler, gesto talvez único nos anais diplomáticos. O soviético viu nisso apenas uma maquinação a mais da

facção hostil à paz, o cúmulo em se tratando de Schulenberg, detentor da tradição russófila do Reich bismarckiano. Essa visão de uma política alemã dependente de uma relação de forças entre facções internas do III Reich vai alimentar o apaziguamento stalinista a ponto de enrubescer o próprio Neville Chamberlain. A lista das concessões, presentes, sinais de conciliação e de boa vontade não parou de crescer a partir de janeiro de 1941: vai das entregas maciças de grãos e de materiais estratégicos a um alinhamento diplomático bem próximo das posições de Berlim; da recusa de protestar contra as invasões do espaço aéreo da URSS pela Luftwaffe à redução das alocações de combustível ao Exército Vermelho para fornecê-lo à Wehrmacht.[25]

3. *A mobilização da Wehrmacht não significa guerra, repete Stalin. Pode ser somente uma demonstração de força prévia a uma renegociação global para conseguir novas vantagens e concessões da* URSS. Desde dezembro de 1940, Stalin espera por um encontro com Hitler que redefina os termos do pacto de não agressão de 1939. Ele espreita avidamente os sinais desse encontro. Na realidade, ele é o joguete de uma campanha de desinformação alemã, retomada pelos jornais anglo-saxões, segundo a qual Hitler desejaria obter, para suas tropas, uma passagem para o Iraque através da URSS, ou um aumento da ajuda econômica soviética, até mesmo a cessão dos países bálticos ou da Ucrânia. Em 22 de junho de 1941, Stalin espera quatro horas antes de dar a ordem de responder ao ataque alemão.[26] Ainda assim, a ordem não leva sua assinatura. Portanto, ele ainda acredita ser possível uma oferta de acordo por parte de Hitler.

4. *Mesmo que a Wehrmacht se decidisse a atacar, ela precisaria, segundo os especialistas do Exército Vermelho, de pelo menos 15 dias para mobilizar e reunir plenamente suas forças antes*

de travar de fato a batalha. O Exército Vermelho teria então tempo de aplicar seu próprio plano de guerra. O relatório de Golikov de 5 de maio acaba com essa certeza. Stalin fica, então, sabendo que Hitler pode atacar a qualquer momento. Contudo, ele ainda acredita ser possível apaziguá-lo, cativá-lo, comprá-lo. Por isso, as demonstrações de amizade cada vez mais flagrantes; a mais espetacular delas é o comunicado da agência oficial Tass, de 14 de junho, que desmente todos os boatos de guerra e declara, sem muito ânimo, a amizade germano-soviética.

O FALSO MISTÉRIO DA MOBILIZAÇÃO DO EXÉRCITO VERMELHO

Consideremos agora a mobilização do Exército Vermelho em sua fronteira ocidental e a estrutura de suas forças, dois elementos cuja interpretação toma a maior parte da obra de Suvorov. Ele vê nisso a prova de um desejo de atacar e, a fim de justificar sua atitude/o ataque, levanta uma infinidade de indícios ofensivos, quase todos reais: o Exército Vermelho dispõe de 5 corpos de paraquedistas; concentra cerca de 10 mil tanques em 20 corpos mecanizados a menos de 300 km da fronteira; uma flotilha fluvial se mobiliza no rio Dnieper e no canal que o liga ao rio Bug Ocidental; unidades de montanha se encontram na parte sul do *front*, prontas a avançar nos montes Cárpatos; a massa da aviação e dos depósitos militares se encontra unida na fronteira; enormes obras melhoram a malha ferroviária e viária leste-oeste nos territórios anexados em 1939 e 1940. Todos esses fatos, repete Suvorov, não podem ser explicados por uma estratégia defensiva, *portanto*, a estratégia escolhida é 100% ofensiva, *portanto*, Stalin se preparava para atacar Hitler.

É nesse ponto que é mais fácil refutar Suvorov. A mobilização e os recursos militares do Exército Vermelho são de natureza ofensiva, isso é inegável. Mas eles não contêm em si nada que determine um ataque preventivo. Essa intenção não pode ser interpretada no contexto: poucas coisas diferenciam uma mobilização contraofensiva de uma que vise a um ataque preventivo. Em contrapartida, todos os roteiros de guerra previstos pelo Exército Vermelho nos últimos vinte anos estavam voltados para a contraofensiva imediata, e é a esses roteiros que obedece a localização das forças perto da fronteira.

Em janeiro de 1939, a revista *Znamia* publica um romance de Nikolai Chpanov intitulado *La première Frappe* [O primeiro ataque]. Eis seu argumento: em 18 de agosto de um ano não especificado, às 16h57, a defesa aérea soviética detecta a aproximação de aviões alemães. Às 17h01, começa a batalha aérea. Às 17h30, o último avião alemão foge. Às 17h34, os aviões soviéticos começam a eliminar a defesa aérea e os aeródromos inimigos, e o Exército Vermelho ultrapassa a fronteira. O ponto culminante da contraofensiva ocorre na alvorada de 19 de agosto, quando os bombardeiros soviéticos atacam os sítios industriais de Nuremberg, Fürth e Bamberg: os operários alemães das fábricas bombardeadas cantam a *Internacional* antes de se incitarem a ir em auxílio do Exército Vermelho. Paralelamente, os tchecos se insurgem e, na França, os comunistas tomam o poder. A guerra termina em 19 de agosto, às 17h em ponto. Esse romance teria passado despercebido se Stalin não o tivesse lido, anotado e enviado para seis editoras (inclusive uma juvenil). Em 22 de maio, essa ficção científica passa a integrar o programa das escolas e academias militares.

Para além da historieta, o romance de Chpanov captura um certo número dos pressupostos sobre os quais são construídos os planos de guerra do Exército Vermelho. Todos os teóricos e grandes chefes soviéticos – à exceção de Alexander Svechin, Alexander Verkhovsky e Georgy Isserson – validaram esses planos desde o final dos anos 1920. O roteiro considerado é o seguinte:

1. O inimigo precisa de 15 a 21 dias para concentrar todas suas forças e lançar a ofensiva. Durante esse "período inicial", ele fará apenas operações de menor importância, em terra e no ar.
2. O Exército Vermelho deve aproveitar esse prazo para impor imediatamente sua vontade e tomar a iniciativa. Para tanto, desde os tempos de paz, ele terá posicionado seus exércitos do *front* (*peredovaiaarmia*), sendo mantidos quase totalmente mobilizados. Sua primeira tarefa será bloquear as incursões inimigas para proteger a mobilização geral na URSS.
3. A segunda tarefa desses exércitos será passar, se possível a partir do D + 3, à contraofensiva, de modo a levar a guerra para o solo inimigo. Cada exército será flanqueado de um ou de vários corpos mecanizados que penetrarão 200 km no dispositivo adversário para impedir sua mobilização e colocá-lo em estado de desequilíbrio mortal. Essa ofensiva em profundidade será precedida e protegida por um assalto aéreo e aerotransportado maciço.
4. Uma segunda leva de forças armadas, oriunda da mobilização geral, substituirá as do *front*, para chegar ao coração da potência inimiga.

É a obediência a esse esquema dogmático – incorporado nas diferentes operações de mobilização, sendo a última de março de 1941 – que explica a mobilização e a estrutura do Exército Vermelho em 1941, e de modo algum um ataque preventivo.

Estamos, então, no cerne do drama que se desenrolará em junho e julho de 1941. A Wehrmacht atacará de uma única vez, de surpresa, com *todas* as suas forças reunidas. Não haverá "período inicial". Em alguns dias, ela destruirá, com seu enorme aparato, os "exércitos do *front*", com frequência mais modernos do que os seus. Dos 340 depósitos militares, 200 serão capturados, mais de 800 aviões destruídos em solo nas primeiras horas. Essa vitória inicial foi grandemente facilitada pela recusa de Stalin em mobilizar as unidades, como pediam Jukov e Timoshenko. Resultado: em 22 de junho de 1941, as divisões vermelhas estão separadas, as munições não foram distribuídas, os aviões não foram ocultados em seus campos, os procedimentos de transmissão não estavam operacionais. É incontestável que essa falta de preparo se explica pelo temor de Stalin de "provocar a Alemanha". Apesar disso, os danos não teriam tido a amplitude que tiveram se os chefes militares soviéticos tivessem mudado seu roteiro de guerra e, assim, adaptado sua mobilização à postura política imposta por Stalin. Por isso, compartilham a responsabilidade pelo desastre.

À guisa de conclusão, podemos rejeitar categoricamente a ideia de que Hitler apenas antecipou em alguns dias um ataque de Stalin. No verão de 1941, o Exército Vermelho não tem nenhuma intenção de atacar. A operação Barbarossa é exatamente o que o tribunal de Nuremberg julgou, uma agressão longamente premeditada, que usou o pretexto de uma ameaça vermelha inexistente. Pode-se, no entanto, descartar a ideia de que Stalin *nunca* teria atacado a Alemanha? Evidentemente que não. Toda sua estratégia, desde a assinatura do pacto de não agressão, de 23 de agosto de 1939, consiste em recolher o máximo de frutos do conflito (uma bela colheita como as da Bielorrússia e Ucrânia ocidentais, da Carélia finlandesa, dos países bálticos, da Bessarábia e Bucovina do Norte!) sem estar diretamente nele envolvido. Ele pretendia entrar na guerra, com forças modernizadas, somente após o esgotamento mútuo dos Aliados e do Reich. Esperar o momento propício para entrar na guerra, enquanto utiliza o tempo ganho para reforçar o aparelho militar não é o que faziam os Estados Unidos no mesmo momento? Segundo vários testemunhos, Stalin considerava que o Exército Vermelho não estaria pronto antes de 1942. Nenhum ataque soviético, portanto, poderia ter ocorrido antes dessa data. Em si, não há nada de escandaloso nessa postura de espera.

Salvo que Stalin se colocou numa posição extremamente perigosa, pois nada funcionou como ele previra. A Wehrmacht é senhora do continente europeu e sua conquista foi tão fácil que ela se encontra no auge de seu poderio militar e político em 1941. A URSS não tem Estados a ela simpáticos no mundo, e muitos dos que nela já haviam acreditado, agora a abandonaram, desgostosos com o espetáculo das efusões entre Ribbentrop e Stalin. Pior ainda, ela se enganara de inimigo, julgando Londres mais perigosa que Berlim. E continuava esperando o ataque do Japão no leste, apesar do pacto de neutralidade assinado em 13 de abril de 1941. Stalin não conseguiu perceber que os planos do Exército Vermelho eram totalmente inadaptados e que até faziam o jogo do inimigo ao concentrar todo o exército da ativa em uma zona fronteiriça politicamente hostil, convidando a Wehrmacht a um assalto surpresa. Ele engoliu o que lhe disseram os militares com soberba: a surpresa lograda contra a Polônia *não pode* funcionar diante do Exército Vermelho. Será que ele tinha realmente consciência das carências de seu aparelho militar? Isso não é certo, habituado que estava a julgar em termos quantitativos – o Exército Vermelho tinha três a cinco vezes mais equipamentos do que a Wehrmacht. Será que via o nível miserável do comando? Pode-se duvidar disso já que nunca recusou o aumento dos efetivos, mas não se preocupava, todavia, em saber se a instrução acompanhava esse aumento. Não via mais que seus generais: um exército construído para uma contraofensiva maciça e imediata deve ser potente e ágil. Se o Exército Vermelho era potente, em contrapartida, era rígido, desorganizado e sem nenhum profissionalismo.

A escolha[27] do apaziguamento diante de Hitler torna explosivo o conjunto desses erros: o Exército Vermelho não se mobiliza nem para a ofensiva nem para a defensiva, mobiliza-se pela metade, seu cinturão fortificado ocidental (a Linha Molotov) está longe de estar pronto, a consciência pública se encontra adormecida. Entretanto, a exemplo de Timoshenko e Jukov, Stalin percebe que o verão de 1942 é o mais perigoso. Mas mantém sua aposta: dar corda para a Alemanha, cedendo tudo que pode ser cedido, não dando ouvidos às sereias churchillianas, o período perigoso pode ser superado. Essa é sua crença. E se a Alemanha não atacou antes de julho, não o fará mais antes do verão de 1942, por razões climáticas. Esse jogo à beira do abismo, dia após dia, é irresponsável, assim como o de Hitler, por outras razões. A fatura global desse duplo jogo suicida é o conflito entre o Eixo e a URSS: 30 a 35 milhões de mortos.

NOTAS

[1] É, em substância, o que diz Molotov em seu discurso na rádio do dia 22 de junho de 1941. Rolf-Dieter Muller, *Der Feindstehtim Osten*, Berlim, Ch. Links Verlag, 2011.

[2] Ver Max Domarus, *Hitler, Reden*, v. 4, Wiesbaden, R. Lowit, 1973, pp. 1726-32.

[3] A se crer na conclusão (p. 311) da última edição em inglês (ampliada e atualizada) de *Icebreaker*, publicada em 2009 pela PL UK Publishing.

[4] Rolf-Dieter Muller, *Der Feindstehtim Osten*, Berlim, Ch. Links Verlag, 2011.

[5] Fedor von Bock, *Zwischen Pflicht und Verweigerung. Das Kriegstagebuch*, Munique, Herbig, 1995, p. 177 e 180. Sem dúvida constrangido por essas palavras de Bock, Klaus Gerbet, o apresentador da obra, se apressa em acrescentar à p. 178, que, desde 1941, fatos novos vieram apoiar a tese do ataque preventivo.

[6] Citado por Jurgen Forster e Evan Mawdsley, "Hitler and Stalin in Perspective: Secret Speeches on the Eve of Barbarossa", em *War in History*, v. 11, n. 1, 2004, pp. 61-103.

[7] Suvorov não dispõe, na primeira edição de *Icebreaker*, do texto do discurso. Assim, ele utiliza o desmentido de Stalin de 30 de novembro de 1939.

[8] Winston Churchill, *The Second World War, vol. 1, The Gathering Storm*, Boston, Houghton Mifflin Company, 1948, p. 392.

[9] Eberhard Jackel, "Uber eineangebliche Rede Stalinsvom 19. August 1939", *Vierteljahreshefte zur Zeitgeschichte*, 6º ano (1958), cahier 4, pp. 380-9.

[10] Sergej Slutsch, "Stalins "Kriegsszenario 1939": Eine Rede, die nie es gab", *Vierteljahreshefte zur Zeitgeschichte*, 52º (2004), cahier 4, pp. 597-635.

[11] Dans Jurgen Forster e Evan Mawdsley, "Hitler and Stalin in Perspective: Secret Speeches on the Eve of Barbarossa", artigo citado. Esse artigo, escrito por dois grandes especialistas no conflito germano-soviético, um alemão e um britânico, oferece a melhor leitura do discurso de 5 de maio de 1941.

[12] *"Zimnaia Voina", Rabota nad ochibkami: (aprel-maï 1940g.). Materialy Kommissii po obobchtcheniu opyta finskoi kompanii*, Moscou, Letni Sad, 2004, p. 40-41.

[13] *Pravda*, 6 de maio de 1941.

[14] V. A. Nevejine, *Sindrom Nastoupatelnoi Voiny. Sovetskaia Propaganda V preddverii "sviachtchennykh boev", 1939-1941 gg.*, Moscou, AIRO-XX, 1997, p. 197.

[15] RGASPI, F. 17, Op. 125, D. 60, L. 59. Apud V. A. Nevejine, *SindromNastoupatelnoiVoiny, op. cit.*, p. 199.

[16] TsAMO, F. 48 A, op. 1554, D. 90, L. 769-772.

[17] TsAMO, F. 16, op. 2951, D. 239, L. 1-15, apud *1941 God*. v. 2, n. 473, pp. 215-20.

[18] Esse plano foi descoberto nos arquivos de Jukov em 1989 por Dimitri Volkogonov e depois publicado em meados de 1990 por Valery Danilov e Yuri Gorkov.

[19] Essa mobilização clandestina leva somente 21 divisões para 14 mil homens, muito perto de sua dotação ideal de 14.483. O grosso das forças – 72 divisões – mal atinge 12 mil homens, 6 divisões estão em 11 mil. Ver *1941, Ouroki i Vyvody*, Moscou, Voenizdat, 1992, p. 83.

[20] Citado em M. I. Meltiukhov, "Ideologitchiskié dokoumenty maia – iunia 1941 goda o sobytiakh Vtoroi Mirovoi Voiny", *Otetchestvennaia istoria*, n. 2, 1995.

[21] TsAMO, F. 2, op. 11569, D. 2, L. 42. Apud Kiselev, "Oupriamye fakty natchala voiny". *VIJ*, n. 2, 1992, p. 15.

[22] *Voennaia Razvedka Informiruet, Ianvar 1939 – Iun 1941 Dokoumenty*, Moscou, Mejdounarodnyi Fond demokratia, 2008, p. 617.

[23] O NKGB (Comissariado do Povo para a Segurança de Estado) cumpre tarefas de espionagem e de contraespionagem e cuida da segurança dos dignitários do regime.

[24] *Izvestia Ts KKPSS*, n.4, 1990, p. 213.

[25] *Skrytaia Pravda Voiny: 1941 God. Neizvestnye Dokumenty*, Moscou, Rousskaia Kniga, 1992, p. 27.

[26] *Istotchnik*, n. 2, 1995, p. 147.

[27] Sergej Slutsch data essa escolha em 28 de novembro de 1940, quando Stalin decide honrar as entregas de trigo à Alemanha, usando as reservas de Estado, ainda que a penúria continuasse na URSS.

BIBLIOGRAFIA SELECIONADA

Das Deutsche Reich und der Zweite Weltkrieg, vol. 4, Der Angriff auf die Sowjetunion. Stuttgart: DVA, 1983.

Lopez, Jean; Otkhmezuri, Lasha, *Joukov, l'homme qui a vaincu Hitler*. Paris: Perrin, 2013.

Nekrich, Alexander M., *Pariahs, Partners, Predators, German-Soviet Relations*. Nova York: Columbia University Press, 1997.

Pietrow-Ennker, Bianka (dir.), *Präventivkrieg? Der deutsche Angriff auf die Sowjetunion*. Frankfurt am Main: Fischer Taschenbuch Verlag, 2001.

Roberts, Cynthia A., "Planning for War: The Red Army and the Catastrophe of 1941". *Europe-Asia Studies*, dez. 1995.

Stoecker, Sally W., *Forging Stalin's Army*. Boulder: Westview Press, 1998.

Pearl Harbor, uma vitória japonesa

PIERRE GRUMBERG

Em 7 de dezembro de 1941, às 7h51 (hora local), 183 aviões japoneses surgem de repente acima da grande base americana do Havaí, Pearl Harbor, na hora de um tranquilo *breakfast* dominical. Enquanto 89 bombardeiros e torpedeiros atacam encouraçados, outros 94 bombardeiros e caças destroem os aeródromos. Onze minutos depois, uma nuvem negra cobre a baía. O pesadelo não tinha acabado. Às 8h45, uma onda de 163 aviões faz o arremate: 75 bombardeiros atacam os navios, 88 caças e bombardeiros alinhados atacam os aeródromos.

Quando, às 10h, o estrondo dos motores japoneses vai sumindo, a frota do Pacífico ainda está encoberta pela fumaça. Contudo, o espetáculo que seu comandante, o almirante Husband Kimmel, prognostica é assustador. Dos oito encouraçados que ele tinha antes do ataque, o Arizona explodiu, o Oklahoma afundou, o West Virginia e o California, com cascos quebrados, jazem no lodo. O Nevada encalhou ao tentar sair do porto. O Pennsylvania, o Tennessee e o Maryland estão danificados, bem como 11 outras grandes unidades. De 390 aviões, 198 estão destruídos. Quanto às perdas humanas, o balanço também é muito grande: 2.403 mortos (entre eles, 1.177 no Arizona e 68 civis) e 1.178 feridos. Comparativamente, as perdas da esquadra comandada por Nagumo Chūichi são insignificantes: 29 aviões e 5 minissubmarinos, levando com eles 55 aviadores e 9 submarinistas.

Desastre: é a impressão óbvia que se tem desses números. A quantidade e a qualidade dos navios fora de combate, a desproporção das perdas, o pânico e a humilhação da surpresa contrastam com a audácia dos japoneses, sua determinação, sua eficácia... Desastre: logicamente é a palavra escolhida pelos historiadores para descrever o ataque. Pelos americanos, evidentemente, mas também pelos franceses: *Le Désastre de Pearl Harbor* [O Desastre de Pearl Harbor] é o título do livro de 1946 de Raymond de Belot, um dos primeiros a dedicar uma obra ao episódio. A tradição continua: "A marinha [americana] vive um dos piores desastres de sua história",[1] escreve em 2011 Hélène Harter. "Só a ausência providencial dos porta-aviões evitou um completo desastre",[2] observa, por sua vez, Jean Quellien em 2015.

Essa percepção generalizada de uma derrota esmagadora americana é ainda mais acentuada por um frequente exagero do balanço das perdas. Além dos encouraçados afundados e danificados, Henri Michel observa, em *La Seconde Guerre Mondiale* (2004) [A Segunda Guerra Mundial], que "a maior parte dos outros 86 navios foi perdida". Laurent Joffrin, por sua vez, indica, em 2005, em *Les Grandes Batailles navales* [As grandes batalhas navais], que os japoneses destroem "três quartos da frota americana". Essas imprecisões evidentemente não são exclusividade dos franceses: a página do site *On This Day* da BBC diz que 118 navios foram afundados ou danificados, disparate que não foi corrigido por ninguém. Isso mostra que a ideia de desastre – e, por contraste, a de triunfo nipônico – está bem enraizada.

DANOS MAIS SUPOSTOS DO QUE REAIS

Contudo, se o almirante Kimmel, o derrotado, pudesse ver de cima a cena dos incêndios na manhã de 7 de dezembro de 1941, ele constataria que os danos à sua frota não são, nem de longe, tão graves quanto ele pensa. No entanto, isso não passa despercebido pelo seu substituto, Chester Nimitz, já em sua chegada ao local em 24 de dezembro. De fato, dos 82 navios de guerra presentes na manhã do dia 7 de dezembro, apenas três (Arizona, Oklahoma e Utah) foram irremediavelmente perdidos. Os dois primeiros foram inaugurados em 1915 e 1916, respectivamente. Lentos (21 nós), eles já tinham atingido sua data de validade e são incapazes de enfrentar seus poderosos rivais japoneses. O ex-encouraçado Utah é ainda mais antigo: lançado em 1909, foi transformado em navio-alvo. Devido à pouca profundidade da baía (12 a 14 metros), e o Oklahoma poderia ter sido recuperado se a marinha americana tivesse julgado necessário. Ela não deixou de fazer isso com os 16 outros navios atingidos, que foram rapidamente resgatados – no caso dos que afundaram – e, em seguida, consertados e reenviados para combate. Assim, nove dos atingidos voltam a navegar em junho de 1942, entre eles três encouraçados, que são enviados já no final de dezembro à Califórnia para serem modernizados; lentos demais para acompanharem os porta-aviões, servirão essencialmente de artilharia superpesada nas operações anfíbias. Para reparar os danos dos aviões, bastam três comboios de cargueiros e um período de um mês.

É verdade que as perdas humanas são significativas. Assim mesmo, a proximidade de instalações e hospitais reduz os danos. Na realidade, o fato de terem sido surpreendidos no porto foi um golpe de sorte: se a frota do Pacífico tivesse navegado ao encontro do inimigo, escreverá Nimitz mais tarde, "nós não teríamos perdido 3.800 homens, e sim 38 mil". O golpe é duro para uma marinha com poucos efetivos treinados, mas não irreparável, já que os marinheiros sobreviventes das unidades paralisadas, em especial os encouraçados, retornam temporariamente a unidades leves mais produtivas.

Desse modo, um dos ataques mais audaciosos de todos os tempos (Tóquio está a 6.200 km de Honolulu), realizado por 28 navios de superfície (entre eles, 6 porta-aviões que transportavam 414 aviões) e 23 submarinos, terminou deixando fora de ação, definitivamente, dois encouraçados que já estavam em vias de se aposentar e um navio-alvo e, temporariamente, 3 outros encouraçados (também obsoletos), mais alguns danos de menor importância. Se considerarmos que havia 82 unidades de combate no ancoradouro, que foram totalmente surpreendidas, o resultado modesto, embora acessível a todos, justifica essa reputação de triunfo que ainda se mantém?

PARA YAMAMOTO, A MISSÃO NÃO FOI CUMPRIDA

Os japoneses ficaram pelo menos satisfeitos? O arquipélago comemora o ataque como uma vitória decisiva, equivalente à destruição da frota russa em Tsushima em 1905. Na realidade, o almirante Yamamoto Isoroku, que defendeu o ataque colocando na mesa sua demissão, fica decepcionado. A operação devia tirar a frota do Pacífico de campo por seis meses, tempo suficiente para que a Marinha Imperial conseguisse levar adiante o ambicioso programa estratégico definido em Tóquio em 1941 pelo governo de Tōjō Hideki: conquistar a Malásia britânica, as Filipinas americanas, as Índias holandesas (e seu precioso petróleo), a Birmânia (chave do abastecimento da China nacionalista, que o Japão não consegue vencer), antes de conquistar a Nova Guiné, ponte para a Austrália... Ora, os três porta-aviões com base em Pearl Harbor, alvos prioritários de Genda Minoru, autor do plano, não estão presentes no dia 7 de dezembro. E não por acaso, como frequentemente se lê: dois partiram para entregar aviões às bases avançadas que Washington – que previu a guerra, mas sem saber onde e quando ela estouraria – achava que seriam atacadas. O terceiro está em manutenção na costa oeste. Sua escolta de 6 cruzadores pesados e 14 contratorpedeiros também permanece ilesa. Quanto aos outros alvos escolhidos, a expectativa de paralisação por seis meses só é cumprida efetivamente por cinco dos oito encouraçados presentes no ataque e nenhum dos dois cruzadores pesados. A conta não fecha.

Muito longe de marcar uma grande vitória, a fumaça do Arizona esconde, na verdade, uma vitória tática sem grandes consequências, cujas causas foram levantadas pelo pesquisador americano Alan Zimm (ver bibliografia). A primeira delas é o caos que preside à concepção do plano. Yamamoto e Genda divergem sobre a prioridade dos alvos. O primeiro privilegia os encouraçados, símbolo de poder estatal, enquanto o segundo, mais hábil, compreendeu a importância capital dos porta-aviões. A improvisação impera e é agravada pelo desentendimento entre os oficiais rivais, que se detestam a ponto de brigarem. Percebe-se logo antes do ataque que um dos porta-aviões não tem autonomia necessária para a missão: após cogitar abandoná-lo no mar (!), resolve-se enchê-lo de galões com combustível extra...

À concepção operacional imperfeita somam-se escolhas táticas aleatórias. Quando Genda é informado de que os porta-aviões americanos não estão na baía, ele aposta em seu retorno hipotético e desperdiça uma formação completa de preciosos torpedeiros contra um ancoradouro no qual a grande silhueta do Utah cumpre, de forma eficaz, o papel de chamariz. Logo antes do ataque, percebe-se que, sem o elemento surpresa, nada estaria garantido: improvisa-se então um sinal visual (um único sinalizador para 183 aviões...) que, mal compreendido, provoca desordem nas formações e aumenta o tempo do ataque para 11 minutos, em vez do 1 minuto e 30 segundos previstos. Enfim, a segunda onda, equipada de bombas de 250 kg, que são sabidamente leves demais para causar grandes danos aos encouraçados, é ainda assim direcionada contra eles. Em vão, é claro.

Aos erros de concepção e execução se somam as deficiências do armamento. Se, por um lado, os torpedos foram engenhosamente modificados para dar conta das águas pouco profundas, por outro, as bombas de 800 kg, que devem perfurar a espessa blindagem dos encouraçados, são improvisadas a partir de antigos projéteis da marinha. Pesadas demais para serem carregadas por bombardeiros de mergulho, elas são embarcadas em aviões torpedeiros que as lançam a 3.000 m de altura para maximizar a energia cinética, em detrimento da precisão. Sua fiabilidade é lamentável: de 49 bombas lançadas (as únicas que havia...), 10 atingem o alvo, mas apenas 4 funcionam (entre elas a que destruiu o Arizona). Como vimos, as bombas de 250 kg, leves demais contra os encouraçados, não são muito mais eficazes contra alvos no solo. Concebidas para penetrar o interior dos navios, elas fazem buracos profundos antes de explodir: a energia de destruição de baixo para cima causa apenas danos limitados.

Por fim, a falta crônica de proteção dos aviões japoneses combinada à densidade crescente da defesa antiaérea americana gera perdas mais significativas do que sugere o balanço: somando aos aviões destruídos aqueles que estão danificados, 55 dos 183 aparelhos da primeira onda (30%), mais 85 dos 167 da segunda (50%) estão fora de combate, definitiva ou temporariamente. A perda de 55 aviadores, elite de uma elite rigorosamente selecionada, também tem um impacto muito mais significativo do que sugerem os números brutos. Tudo isso tende a relativizar o impacto de uma "terceira onda", supostamente vetada por Nagumo ao comandante de aviação do ataque, Fuchida Mitsuo, que desejaria ter atacado as instalações do porto que permaneceram intactas. Na verdade, Fuchida muito provavelmente mentiu para superestimar seu papel no pós-guerra. De qualquer forma, Nagumo não tinha nem tempo, nem forças, nem audácia (pois os porta-aviões não foram localizados) para iniciar esse ataque, que provavelmente não levaria a nada: eram poucos aviões para causar danos significativos ao porto e não estavam equipados para atacar as reservas de petróleo (bem mais difíceis de incendiar do que parece). A única opção realista para valorizar o ataque teria sido um desembarque logo após. Mas essa operação era impossível em função das ambições logísticas desmedidas da Marinha Imperial (que se preparava, como vimos, para atacar a Malásia, as Filipinas...).

PARA O JAPÃO, APENAS UMA SAÍDA: A RENDIÇÃO INCONDICIONAL

Não apenas a missão não foi concluída e os americanos não sofreram o desastre esperado, mas o preço que pagaram os japoneses por sua pequena vitória foi exorbitante. Os porta-aviões, que viraram ponta de lança da Marinha dos Estados Unidos, provaram seu valor aos olhos dos defensores dos encouraçados, multiplicando os golpes no flanco japonês. Após os ataques iniciados já em 1º de fevereiro de 1942, eles ferem o orgulho da Marinha Imperial ao bombardear Tóquio (18 de abril) e, depois, ao bloquear a ofensiva que visava à Austrália no Mar de Coral (4-8 de maio). Yamamoto, pressionado então a conseguir o que ele não conseguira em Pearl Harbor, põe em prática o plano lamentável que leva a Midway de 4 a 7 de junho e à perda (irreparável, dadas as frágeis capacidades industriais nipônicas) de quatro de seus porta-aviões.

Yamamoto tinha prometido seis meses de vitória em caso de êxito em Pearl Harbor. Sua aposta não deu certo. Mesmo que ele tivesse conseguido, o final do conflito não teria sido muito diferente. Assim que a primeira bomba explode no Havaí, o Japão está fadado à destruição. Ao atacar sem declaração de guerra, ato considerado imperdoável pela opinião pública americana cujo sentimento de humilhação aumenta com o racismo, Tóquio está condenada a uma luta sem tréguas. "Não importa o tempo que leve para superar essa invasão premeditada, o povo americano, em seu justo poder, combaterá até a vitória absoluta", promete, assim, Roosevelt no dia seguinte ao ataque (o juramento será formalizado ao exigir a rendição incondicional durante a Conferência de Casablanca em 24 de janeiro de 1943). Assim, pela tática escolhida, o regime militar-fascista comandado pelo general Tōjō fecha a única porta diplomático-militar que permanecia entreaberta: forçar uma Casa Branca desmoralizada a negociar.

De fato, está fora de questão para o Japão lutar por muito tempo contra os Estados Unidos já em pleno rearmamento. Em 19 de julho de 1940, o Congresso encomendou 18 grandes porta-aviões, 7 encouraçados, 6 supercruzadores, 27 cruzadores... sem contar 15 mil aviões (esse arsenal não será necessário para virar o jogo:

a Marinha Imperial é vencida, já no fim de 1942, pela Marinha americana anterior à guerra). Embora o arquipélago consiga, sacrificando sua economia, equipar-se de uma potente frota, ele produz, em 1940, 11 vezes menos aço, 4 vezes menos alumínio e 518 vezes (!) menos petróleo do que os Estados Unidos. A escassez de ouro negro é, aliás, uma das razões pelas quais, aos olhos de Tóquio, justifica-se sua entrada na guerra: é preciso apossar-se das jazidas das Índias holandesas. Contudo, o combustível está a 5.000 km das bases mais meridionais da Marinha Imperial, que não dispõe de navios petroleiros suficientes para transportá-lo e não tem um plano para protegê-lo.

Se ao menos os japoneses pudessem concentrar todas as suas forças contra os Estados Unidos... Impossível: desde 1937, o Exército Imperial está atolado na invasão da China. Incapaz de encontrar uma saída, ele teve de ceder à Marinha, sua arquiinimiga, a responsabilidade por uma nova alternativa estratégica: apoderar-se do petróleo holandês e, depois, impedir os apoios ocidentais à China conquistando a Malásia, a Birmânia e (por que não?) a Índia. Em suma, como resume o historiador britânico H. P. Willmott (ver bibliografia selecionada), para vencer a China, maior potência demográfica mundial, precisam neutralizar os Estados Unidos, maior potência econômica e industrial, e depois atacar o Império Britânico, maior potência colonial. Tudo isso mantendo um grande exército na Manchúria para enfrentar a ameaça soviética, maior potência militar. É verdade que a URSS está em apuros diante da Wehrmacht. Ainda assim, ela ainda não perdeu, como rapidamente constata Tóquio.

Dessa forma, a aventura de Pearl Harbor consiste em se lançar no vazio do alto de um penhasco, rezando por uma trégua das Leis de Newton. No início, claro, voa-se... No entanto, diferentemente do coiote do desenho animado, que continua a correr no vazio antes de perceber que não há chão sob seus pés, os japoneses estão a par da situação. Em outubro de 1940, eles fundaram um instituto de pesquisa da guerra total, que reunia as 36 mentes mais brilhantes para estudar as chances do país no caso de enfrentamento com os Estados Unidos. Seu relatório, emitido em agosto de 1941, é inequívoco: no fim de 1944, o Império será destruído, e a URSS se voltará contra o que restou dele. Ninguém em Tóquio o leva a sério. Chega de Cassandras! A antiga força moral do samurai prevalecerá sobre a lei da gravidade! Para o coiote, tudo acaba no fundo de um penhasco com uma nuvem de poeira em forma de cogumelo. Para Tōjō e, infelizmente, para o povo japonês que o acompanhou, o nome desse penhasco é Hiroshima.

NOTAS

[1] Hélène Harter, *Pearl Harbor, 7 décembre 1941*, Paris, Tallandier, 2013.
[2] Jean Quellien, *La Seconde Guerre mondiale, 1939-1945*, Paris, Tallandier, 2015.

BIBLIOGRAFIA SELECIONADA

Prange, Gordon W., *At Dawn We Slept: Untold Story of Pearl Harbor*. Nova York: Penguin, 1991 (reed.).
Stille, Mark E., *Tora! Tora! Tora!, Pearl Harbor 1941*. Oxford: Osprey, 2011.
Willmott, H. P., *Pearl Harbor*. Londres: Orion, 2003.
Willmott, H. P.; Tohmatsu, Haruo, *A Gathering Darkness: the Coming of War to the Far East and the Pacific, 1921-1942*. Denver: Scholarly Resources, 2004.
Zimm, Alan D., *The Attack on Pearl Harbor: Strategy, Combat, Myths, Deceptions*. Havertown: Casemate Publishers, 2013.

Rommel
era um bom comandante

VINCENT ARBARÉTIER

Questionar se Rommel é um bom comandante poderia, à primeira vista, parecer absurdo. Se há um nome de general alemão que o público conhece é exatamente o de Rommel, em geral chamado de "Raposa do deserto" tanto por seus inimigos quanto por seus aliados. Os filmes sobre a Segunda Guerra Mundial, na África do Norte ou no desembarque na Normandia de junho de 1944, dão prova disso pelo papel central ocupado por esse personagem, que se tornou lendário, morto como herói mártir do antinazismo, lavando com seu sacrifício a honra da Wehrmacht. Sua viúva, seus ex-subordinados alemães ou italianos, dentre os quais o general Speidel, que se tornou um dos primeiros chefes da nova Bundeswehr na segunda metade dos anos 1950, assim como seus ex-inimigos, o general britânico Desmond Young, prisioneiro que sucumbiu à notoriedade de seu carcereiro cavalheiresco, não pouparam elogios a esse general renomado e aparentemente exemplar.

A partir dos anos 1980, o mito sofreu arranhões. Crimes de guerra foram atribuídos a Rommel na França e na Itália. Ex-subordinados revelaram certos defeitos constrangedores desse chefe que parecia exemplar para todos: ele não poupava a vida de seus homens, como em Tobruk, de maio a junho de 1941, quando insistiu em tomar à força um terreno então inexpugnável; descontrolava-se com facilidade, reportando-se diretamente a Hitler, de quem parecia muito próximo, e desconsiderava os conselhos de moderação de seus superiores hierárquicos ou de seus subordinados imediatos.

Ele era um chefe carismático, como demonstram as correspondências de seus ajudantes de campo Heinz Werner Schmidt e Hans-Albrecht Schraepler. Estava presente sempre que a ação parecia mais delicada, e tomava a decisão correta no âmbito tático, ilustrando com sua atitude o que se podia esperar do "chefe do *front*", próximo da ação e de seus homens, capaz de motivá-los e de mudar a seu favor o rumo dos acontecimentos. Todavia, se essa atitude convinha perfeitamente a um oficial de tropas, aos pequenos escalões táticos, parecia não ser totalmente adaptada ao comando de uma grande unidade, onde a presença no posto de comando constituía a regra geral.

SEU PERCURSO INICIAL

Vindo de um meio totalmente civil, o jovem Erwin Rommel pretendia, inicialmente, tornar-se um oficial técnico, mas não obteve sucesso, apesar de uma mente científica herdada do pai e do avô paterno, ambos professores de matemática. Assim, fracassou em suas tentativas de fazer parte da artilharia ou da engenharia da região de Wurtemberg. Foi indicado, então, para a infantaria, na qual mostrou, de saída, inegáveis qualidades de resistência física, embora tivesse uma constituição corporal frágil. Revelando determinação, o jovem Erwin logo soube mostrar a seus companheiros e superiores suas qualidades de líder. Por essa razão, após o serviço militar, foi selecionado para cursar uma escola de oficiais em Danzig, na qual obteve excelentes resultados. Em seu batismo de fogo, em 1914, mostrou que era audacioso, apesar das perdas sofridas por seus homens; só pensava em seguir em frente. Um pouco mais tarde, integrou uma unidade de infantaria de montanha e chamou a atenção para si tanto na Romênia quanto na Itália, principalmente na Batalha de Caporetto. Desejando a todo custo conquistar a Cruz de Mérito, não hesitou em arriscar sua vida – e a de seus homens – para alcançar vitórias táticas sobre o inimigo, impondo-lhe seu ritmo e surgindo onde era menos esperado. Como capturou mais de 6 mil prisioneiros, comandando algumas centenas de combatentes de elite de *Stosstruppen* em Longarone, em novembro de 1917, acabou conseguindo a medalha tão cobiçada.

Ao final da Primeira Guerra Mundial, ainda na Reichswehr, Rommel se singularizou por seu senso de liderança e comandou por um tempo uma companhia do 13º Regimento de Infantaria, antes de se tornar instrutor na Escola de Infantaria de Dresden. De 1933 a 1935, chefiou o 3º Batalhão de Caças do 17º Regimento de Infantaria de Gotzlar. Em seguida, foi instrutor na escola dos oficiais de infantaria de Postdam; depois, foi delegado do ministério da Defesa nas Juventudes Hitleristas. Notado por Adolf Hitler, após a publicação de suas memórias de guerra,[1] entrou para o comando de sua guarda pessoal em 1938. De 1935 a 1939, Rommel passou do posto de tenente-coronel ao de general de brigada (*Generalmajor*), apesar de não ter o diploma do Estado-Maior. Isso lhe valeu, aliás, inúmeras inimizades entre os outros generais da Wehrmacht, que o apelidaram de "palhaço do Führer", em razáo de seu papel de comandante da guarda pessoal.

Os princípios que Rommel aplicou em sua experiência de oficial subalterno na Primeira Guerra Mundial e que depois ensinou aos seus alunos-oficiais foram os seguintes:

- o chefe de uma tropa deve sempre estar à frente, para ser visto por seus homens e, portanto, para influenciar seu moral, mas também para administrar na hora os problemas táticos encontrados;
- a transmissáo das ordens e dos relatórios é primordial, e o chefe deve sempre dispor de meios de comunicação por perto;
- a surpresa tática deve ser aplicada sempre que possível, confundindo o inimigo sobre o número e a natureza da tropa, confusáo possibilitada muitas vezes por um estratagema ou uma manobra diversionista;
- o ataque tático é sempre preferível à defensiva, sobretudo se esta for estática, pois impede qualquer iniciativa do inimigo.

Foram esses princípios, comentados por Rommel em suas memórias, que o instrutor inculcou em seus alunos em Dresden, Potsdam ou Wirner Neustadt.

Escolhido por Hitler para comandar, em 1940, uma das dez *Panzerdivisionen* do início da guerra, a sétima, Rommel logo poria em prática e desenvolveria esses princípios táticos, adquiridos em uma unidade elementar de infantaria de montanha, ao comandar uma grande unidade de blindados. Audácia e surpresa foram suas palavras-chave.

O COMANDANTE TÁTICO NA FRANÇA: VELOCIDADE E COMANDO DE VOZ

Quando os alemães transpuseram o rio Meuse em 13 de maio de 1940, após atacarem a Holanda e a Bélgica, a surpresa foi total no campo aliado. A divisão de Rommel, então em treinamento, fez parte da série de *Panzerdivisionen* que saiu das Ardenas. Após ultrapassar o rio Meuse em Dinant, não sem algumas dificuldades iniciais, o general Rommel tomou a decisão de avançar, numa corrida memorável que devia levá-lo a Cherbourg em pouco mais de um mês.

Durante esse mês de campanha intensa, em que ele e seus soldados compensavam a falta de sono com anfetaminas, o ritmo da progressão da divisão "fantasma" foi tão intenso que Rommel foi repreendido por seu comandante de corpo de exército, general Hoth, que também tinha compreendido perfeitamente as expectativas do plano Manstein, mas garantiu que o apoio logístico e outros não faltariam a seus subordinados.

A propaganda alemã fez de Rommel um comandante nazista "modelo", mas, durante a campanha da França, ele também mostrou negligenciar frequentemente a vida dos seus subordinados e não tolerar desacordo. Todavia, soube se adaptar perfeitamente à mudança tática dos franceses, sobretudo na segunda parte da campanha, quando Weygand ordenou colocar suas unidades como "ouriços" nos eixos principais, a fim de impedir a progressão dos blindados alemães. Rommel adotou então a *Flächenmarsch*:[2] seus blindados evoluíam como uma frota em alto-mar, progredindo "à bússola" em um dispositivo ampliado, desconsiderando eixos e localidades, apoiados apenas pelos Stukas, que se tornaram uma verdadeira artilharia volante de acompanhamento.

O COMANDANTE OPERACIONAL

Na África do Norte, onde deveria realizar inicialmente uma manobra defensiva para ajudar os italianos, cujas forças haviam sido derrotadas em dezembro de 1940, o indisciplinado Rommel nem mesmo esperou que suas forças estivessem completas para reconquistar a Cirenaica. As competências táticas que novamente demonstrou no início de 1941 não levantam hoje nenhuma dúvida, mas seu valor como responsável por um exército em um teatro de operações – o que aconteceu em 1942 – parece, contudo, ser muitas vezes questionável. De fato, suas relações difíceis com seus superiores italianos Gariboldi ou Bastico – em fevereiro de 1941, ele não os apreciava muito – transformaram-no em um oficial incontrolável. No entanto, passou a conhecer melhor seus aliados e recompensou inúmeras vezes os soldados de Mussolini.[3] Rommel também é criticado, sobretudo por alguns historiadores americanos, por ter sido "impetuoso", um tático ímpar, mas totalmente alheio ao "peso logístico" das operações que ele comandava. Se é verdade que ele transmitia sua energia pessoal a seus subordinados, levando-os sempre a avançarem mais, sempre pediu a seus superiores em Roma e em Berlim, como revelam suas notas e sua correspondência, mais recursos materiais e abastecimento.

O balanço de suas ações se mantém: no primeiro semestre de 1941, Rommel havia reconquistado todo o território líbio perdido, à exceção de Tobruk, que retomou apenas em junho de 1942, antes de sua louca perseguição aos britânicos no Egito até El-Alamein. Tornou-se marechal em Tobruk, aos 50 anos. Foi o apogeu de sua carreira.

Após o fracasso de El-Alamein, devido, entre outras causas, à relação de forças muito desfavorável ao Eixo, mas também à tenacidade de Montgomery e à sua "genialidade" estratégica, Rommel conseguiu em dois meses uma retirada surpreendente para a Tunísia, onde ainda venceu as forças americanas que haviam desembarcado na África do Norte no início de novembro. Na Tunísia, até fevereiro, foi muito difícil para ele se entender com os generais Von Arnim[4] e Messe,[5] este considerado, no entanto, o melhor general italiano da Segunda Guerra Mundial.

Depois disso, na Normandia, a inacreditável energia despendida em alguns meses por esse soldado ímpar não conseguiu impedir a derrota das forças alemãs. Seu conceito de defesa "do *front*"[6] nas praias poderia ter funcionado, como em Anzio, na Itália, se o desequilíbrio das forças não tivesse sido, principalmente nos céus, tão desfavorável à Wehrmacht.

ROMMEL FOI UM COMANDANTE EXEMPLAR?

Em inúmeros testemunhos de seus subordinados e de alguns de seus inimigos, Rommel se mostra um chefe exemplar, que deu provas, particularmente na África, de um comportamento ético pouco comum nos generais alemães da época. Foi o comandante alemão da Segunda Guerra Mundial mais popular, em especial entre os ex-inimigos, e suas relações bastante estreitas com certos dignitários do regime nazista, ressaltadas por muitos historiadores atuais, não o impediram de desobedecer a ordens aviltantes relativas ao tratamento de certas categorias de prisioneiros. O francês livre Pierre Messmer,[7] capitão da Legião Estrangeira em BirHakeim, é testemunha disso. Desde o inverno de 1941, com o fracasso da tomada de Moscou, o *front* africano estava condenado na mente de Hitler e do alto-comando, para quem só contava o *front* soviético.

Rommel foi, sem dúvida, um general competente taticamente, muito semelhante a outros companheiros alemães, patriota fervoroso, com certeza, mas indiferente à política, mesmo que seu carreirismo o tenha levado a buscar a companhia de certos dignitários nazistas, como Goebbels. A partir do verão de 1942,[8] ficou sabendo da existência do Holocausto, mas se recusava a falar publicamente sobre isso e pediu várias vezes a seus subordinados imediatos que nunca abordassem esse assunto em sua presença. Nutria admiração por Hitler – o qual encontrava enquanto chefe de sua guarda pessoal antes da campanha da França, sobretudo durante a da Polônia –, por ter devolvido à Alemanha o sabor da vitória. O estrategista Hitler de 1940 havia suscitado a adesão incondicional do jovem tático Rommel, e eles autografaram mutuamente seus livros *Minha luta* e *A infantaria ataca*. Foi somente após El-Alamein, quando desobedeceu às ordens do Führer – combater sem capitular, até o sacrifício supremo do Afrikakorps –, que Rommel perdeu por fim suas ilusões quanto a Hitler.

A LEMBRANÇA DE ROMMEL

Rommel foi um general comum da Wehrmacht ou o "Aníbal dos tempos modernos", como levam a crer seus aduladores britânicos? Provavelmente nem um nem outro. Muito ambicioso, ele adquire, desde a Primeira Guerra Mundial, as qualidades de líder e de tático que o colocam acima do general "médio" diplomado pela Wehrmacht. Como Dietl – outro general de exército da Wehrmacht sem esse diploma – no Grande Norte, ele tem a noção do campo e demonstra uma grande intuição em relação ao inimigo no instante certo. Todavia, ao contrário de Manstein ou de Guderian, não aprecia as grandes manobras em amplos espaços. Não gosta dos trabalhos de Estado-Maior e não possui muita cultura histórica. Nazista, oportunista se preciso, ele se distancia da política racista do III Reich e mostra respeito pelo adversário. Não é amado por seus oficiais, mas é adorado pela tropa, que gosta de tê-lo por perto, no campo. Muito midiatizado pelos serviços de propaganda de Goebbels, Rommel aproveita sua fama para atrair a atenção dos alemães para o teatro secundário de operações representado pela África do Norte em oposição à Rússia, após junho de 1941. Instrumentalizado por Hitler, ele não compreende que este o usa apenas para amenizar as deficiências italianas e segurar os Aliados no teatro mediterrâneo um pouco mais. Uma vez na Normandia, Rommel tem uma visão tática correta, mas estrategicamente errônea. Tenta em vão convencer o Führer, que só acredita em si mesmo. Rommel foi, sem dúvida, o general ideal no *front* mediterrâneo, mas certamente não teria feito muito mais do que seu ex-companheiro Paulus na Rússia, como mostraram, no final de sua carreira, seus limites ao comandar unidades muito grandes. Perfeito comandante de divisão, torna-se um chefe de exército medíocre, que subestima o ambiente no qual opera, assim como funções tão importantes quanto a logística ou a informação. Habituado a certa autonomia no plano tático, ele não suporta as ordens do nível político e mantém também relações difíceis com seus aliados e colaboradores imediatos. Indubitavelmente, a lenda que o cerca continua sendo mais um resultado da propaganda nazista, e até aliada, do que do julgamento dos historiadores militares atuais.

NOTAS

[1] *Infanterie greift an* (*A infantaria ataca*).
[2] Literalmente: "marcha nos espaços ou nos intervalos"; na realidade, progressão fora dos eixos viários.
[3] Sobretudo os combatentes da divisão *Ariete* após a batalha heroica de Birel-Gobi em novembro de 1941.
[4] O general comandante do 5º exército de Panzers subordinado a Rommel.
[5] O chefe das tropas do Eixo na Tunísia em substituição a Rommel.

[6] Conceito que visava a posicionar as divisões blindadas perto das praias da Normandia para "devolver os Aliados para o mar" assim que desembarcassem. Esse conceito foi recusado por Hitler, que pensava que os Aliados iam desembarcar não na Normandia, mas em Pas-de-Calais, onde as distâncias ente o continente europeu e a Grã-Bretanha eram as menores.

[7] Futuro primeiro-ministro do general De Gaulle.

[8] Em seu retorno à Alemanha, quando mudou de casa. Ele sabia que esse novo domicílio em Herrlingen pertencera a judeus deportados para a Polônia.

BIBLIOGRAFIA SELECIONADA

Arbaretier, Vincent, *Rommel et la stratégie de l'Axe en Méditerranée de février 1941 a mai 1943*. Paris: Economica, 2009.

Fraser, David, *Rommel, die Biographie*. Berlim: Siedler, 2000.

Heckmann, Wolf, *Rommels Krieg in Afrika*. Klagenfurt: Kaiser Verlag, 1999.

Lemay, Benoit, *Erwin Rommel*. Paris: Perrin, coll. "Tempus", 2011.

Lormier, Dominique, *Rommel, la fin d'un mythe*. Paris: Le Cherche Midi, 2003.

Mas, Cedric, com a participação de Daniel Feldmann, *Rommel*. Paris: Economica, 2014.

Remy, Maurice Philip, *Mythos Rommel*. Munique: List, 2003.

Reuth, Ralf Georg, *Entscheidungim Mittelmeer*. Bonn: Karl Muller Verlag, 1985.

Reuth, Ralf Georg, *Rommel. Das Ende einer Legende*. Munique: Piper, 2004.

Rommel, Erwin (lieutenant-colonel), *L'infanterie attaque.Enseignements et expérience vécue*. Paris: Editions Le Polemarque, 2013.

Rommel, Erwin (marechal), e Grunen, Berna (commentaires), *La Guerre sans haine, carnets*. Paris: Nouveau Monde editions, 2013.

Schmidt, Heinz Werner, *With Rommel in the Desert*. Londres: Constable, 1997.

Young, Desmond (general), *Rommel*. Paris: Fayard, 1962.

A Waffen-SS:
soldados de elite

JEAN-LUC LELEU

No panteão dos corpos militares de elite, a Waffen-SS tem certamente um lugar à parte, onde se mesclam fascínio e horror. A ideia geralmente difundida é que o fanatismo dos soldados SS os teria levado tanto a desprezar os perigos nos campos de batalha quanto a agir impiedosamente com seus adversários, no *front* ou nos territórios ocupados. Essa ideia não é novidade, pois já se impusera na população alemã após o primeiro inverno da guerra no leste.[1] Em suma, durante décadas foi-se cristalizando o postulado de que o elitismo militar e a criminalidade eram, no caso dos soldados SS, as duas faces de um mesmo fanatismo guerreiro. Privilegiou-se, assim, uma ou outra dessas perspectivas conforme a inclinação dos autores, que quase sempre calaram sobre o que não condizia com sua visão. Para os defensores da ideia de proeza e bravura militar, o fenômeno, perceptível na França desde os anos 1970 (em particular por meio das obras de Jean Mabire), continua atual. Para se convencer disso, basta elencar a grande quantidade de revistas de História nas bancas de jornal francesas atuais. Quase não passa um mês sem que uma capa, um artigo, até um número especial seja consagrado à organização SS em geral, ou a seu ramo militarizado (a Waffen-SS) em particular.

Sem a pretensão de esgotar o assunto em algumas páginas, e para além das observações necessariamente generalistas sobre uma organização armada que viu passarem em suas fileiras cerca de 800 mil soldados, vários aspectos possibilitam uma ideia mais exata do que foi o valor profissional das tropas da Waffen-SS durante o conflito. De fato, como definir de outro modo o elitismo militar, senão pela capacidade de um corpo de tropas de cumprir sua missão com rapidez e eficácia (ou seja, com o mínimo de perdas)? Entretanto, como veremos, é necessário acrescentar a essa definição uma dimensão incontestavelmente menos objetiva: o olhar que se lançou sobre esses homens, largamente condicionado pela propaganda.

O ELITISMO, VALOR SUPREMO DA SS

O culto da SS ao elitismo era parte intrínseca de sua ideologia. Independentemente do campo de ação investido pela SS, ela buscou ter seu monopólio ou, no mínimo, ser sua vanguarda. Reivindicada por Heinrich Himmler, essa ambição se apoiava em um duplo fundamento. Em primeiro lugar, a convicção de encarnar uma superioridade racial que se mostrava como a mãe de todas as virtudes para a "Ordem Negra" (como ela mesma se denominava). Essa superioridade era garantida por uma seleção racial dos candidatos – a partir de critérios médicos, de altura, de aparência física e de ascendência –, assim como por uma série de regras de vida que enquadravam não somente os militantes SS, mas também suas esposas. O elitismo autoproclamado da SS repousava, então, na convicção de encarnar a ideologia nacional-socialista mais pura e, por essa razão, ser o órgão executivo mais confiável a serviço do regime e de seu líder, Adolf Hitler. Nesse sentido, a destruição da ala revolucionária do Partido Nacional Socialista dos Trabalhadores Alemães (NSDP), em 30 de junho de 1934, constituiu um ato fundador: ter sido capaz, em nome da fidelidade a Hitler, de ser o instrumento da purga e executar "camaradas do Partido" será invocado por Himmler, ainda em outubro de 1943, para demonstrar que ele iria até o fim no extermínio dos judeus.[2]

Desse modo, quando a SS deu mostras, nos anos 1930, de ambições no campo militar (até então estritamente reservado ao Exército), ela o fez com o desejo de ser a melhor. Tal como o rei Midas que transformava em ouro tudo em que tocava, a SS pretendia transformar todos seus militantes em soldados. Não se tratava de fazer deles *militares* investidos apenas da missão de combater, mas *soldados políticos* guiados por sua ideologia e lutando permanentemente em seu nome, com ou sem armas.[3]

NÍVEL DE INSTRUÇÃO MILITAR ÀS VÉSPERAS DO CONFLITO

Relembremos, de início, algumas verdades elementares. Se o combate em campo não é uma atividade intelectual (ou é muito pouco), também não dá espaço para a coragem senão em proporções limitadas e, seja como for, bem inferiores às representações vistas em filmes de guerra. Com efeito, o valor profissional de uma tropa militar repousa, em primeiro lugar e acima de tudo, em uma base de competências técnicas – saber utilizar as armas e os materiais à sua disposição – e táticas – saber, em cada escalão hierárquico, movimentar-se em campo em função da missão e garantir a cooperação entre armas. A essa base de competências se acrescentam capacidades individuais de resistência às privações – sede, fome, falta de sono – ou às condições climáticas desfavoráveis – frio, calor, intempéries. Outros fatores de ordem moral podem vir transcender os soldados – apego aos chefes, espírito corporativo, adesão à missão etc. –, mas seria vão acreditar que o aspecto moral possa atenuar as deficiências técnicas e táticas evocadas, senão ao preço de grandes perdas. Ora, tais vitórias de Pirro não podem, pela força das coisas, ser revividas no tempo.

Qual foi então o valor profissional das tropas SS durante a Segunda Guerra Mundial? Foi seguramente variável em cerca de seis anos de conflito e, também com certeza, pequeno em seus primórdios. Uma combinação de destacamentos paramilitares criados do zero a partir de 1933 e de formações de guardas de campo de concentração, as unidades armadas SS contavam com aproximadamente 25 mil soldados da ativa na véspera da guerra. Força paramilitar sem tradição, essas unidades tiveram de criar tudo. É forçoso reconhecer que o fizeram mal, a começar pela formação militar dispensada às primeiras promoções de alunos-oficiais SS (1.138 oficiais oriundos das SS-*Junkerschulen* antes da guerra). Estes foram, na maioria das vezes, formados por ex-suboficiais com poucos recursos e ainda menos competências e tempo. De maneira reveladora, a instrução dos alunos-oficiais SS durava entre 10 e 16 meses antes da guerra, ao invés dos 24 do exército (*Heer*). Entre os candidatos, havia uma multidão de indivíduos medíocres ou desclassificados a quem a SS ofereceu uma chance de promoção social. Assim, cerca da metade dos alunos dessas primeiras promoções não era apta a se tornar oficial do exército, o que desmente as declarações posteriores dos defensores e dos ex-generais SS.[4] Os próprios oficiais superiores SS não agiam muito exemplarmente, levando um puxão de orelhas do inspetor das tropas SS, por exemplo, por não se apresentarem a um exercício tático que ele havia ordenado.[5] A isso se acrescentou uma centralização tardia da instrução, ocorrida somente a partir de 1937, criando disparidades entre unidades SS em função do valor de seu comandante.

A WAFFEN-SS À PROVA DA GUERRA

Apesar da evidente carência de profissionalismo, as primeiras campanhas vitoriosas da guerra possibilitaram que as unidades SS cumprissem sua função. Diante de adversários em inferioridade numérica ou desnorteados devido a uma estratégia alemã brilhante, as tropas SS tiveram êxito com sua audácia. Os revezes pontuais não diminuíram a vontade dessas tropas de pertencerem à elite. As represálias contra os civis e militares capturados permitiram, sobretudo, apagar com sangue os fracassos sofridos. Por exemplo, a execução de uma centena de prisioneiros de guerra britânicos em Wormhout, em maio de 1940, veio na sequência de um ataque mortífero durante o qual os soldados SS atacaram de peito aberto, aos brados de *Heil Hitler* e sem o apoio de armas pesadas.[6]

Essa falta de profissionalismo foi duramente penalizada após o início da guerra no leste. Assim que teve início uma campanha mais duradoura, tais comportamentos temerários não eram mais tolerados. Cinco meses após o desencadeamento da operação Barbarossa, o número de soldados SS mortos no leste chegou a 10.403, ou seja, 9% dos efetivos de campanha SS no começo da operação... e uma taxa de mortalidade duas vezes maior do que a do exército.[7] Essa sangria levou os comandantes de unidade SS, senão a se questionarem, pelo menos a encontrarem soluções paliativas. A primeira delas consistiu em reconsiderar a instrução dos recrutas, impondo-lhes nas unidades de partida uma formação mais próxima das condições que iriam encontrar. O ex-comandante das formações de guarda dos campos de concentração Theodor Eicke lançou então as bases da instrução de todas as unidades SS a partir do final de 1941.[8] De resto, os soldados SS aprenderam muito com os do Exército Vermelho, como atestam as experiências relatadas pelos comandantes de unidade da divisão Das Reich em 1942. De fato, faltava aos soldados SS uma melhor instrução em áreas essenciais do combate de infantaria: combate em floresta ou à noite, capacidade de se camuflar e de se retirar rapidamente, manutenção de uma disciplina muito rigorosa sobre o fogo. E, acima de tudo, não deviam "mais acontecer ataques em bando como era comum nas campanhas anteriores e ainda no início da campanha russa".[9]

A aquisição de Panzers e de mais poder de fogo constituiu uma segunda saída para tentar limitar as perdas causadas pelas falhas profissionais da tropa. Contrariamente às práticas em vigor nas instituições militares tradicionais, as unidades SS não deixaram de manobrar, do inverno de 1941 ao verão de 1942, para serem transformadas em divisões blindadas. Desrespeitando as relações hierárquicas e agindo, às vezes, sem o conhecimento de Himmler, os comandantes de unidade SS souberam jogar perfeitamente com sua influência e prestígio valiosamente adquiridos por suas unidades para atingir seus objetivos.[10]

Essa conversão em unidades blindadas certamente possibilitou às unidades SS mais antigas disporem de um poder de fogo superior, mas causou outras dificuldades, agora de ordem tática. Para manobrar massas de tanques em combate, os chefes SS pagaram sua experiência ao preço de perdas que poderiam ter sido evitadas. No primeiro combate do corpo de tropa blindado SS em Kharkov, entre fevereiro e março de 1943, cerca de 30 Panzers da divisão Das Reich tiveram de ser sabotados para não caírem intactos nas mãos dos soviéticos.[11] E, quando um comandante de batalhão de infantaria mecanizada foi nomeado para o regimento blindado da Leibstandarte SS Adolf Hitler, em novembro de 1943, o efeito se revelou desastroso: o potencial da unidade foi reduzido, em um mês, a um quarto de seus Panzers, e o comandante foi obrigado a deter um ataque frontal que se transformava em desastre.[12] O próprio comandante do corpo de tropa blindada SS lamentara, ao final da Batalha de Kharkov, que havia uma preferência excessiva ao ataque frontal em detrimento de manobras táticas mais elaboradas – fixação e ataque nos flancos, ataque noturno etc. –, por sua vez, "muito raramente feitas". E teve de lembrar a seus comandantes de unidade esta evidência tática: na falta de alternativa, ele insistia sobre a necessidade de estabelecer planos de ataque cujo centro dos esforços fosse claramente enunciado.[13]

No entanto, foi na primavera de 1943 que as formações de recrutamento alemão da Waffen-SS demonstraram, sem dúvida, o melhor valor militar. Nesse momento, elas dispunham de equipamento abundante, de um contingente bem motivado e de quadros formados na dura escola da guerra no leste. A política da SS encorajava precisamente a promoção de jovens oficiais, na casa dos 30 anos, e cuja principal qualidade militar a seu ver era a coragem em combate. Esse tipo de oficiais SS "temerários" (*Draufgänger*) se impôs então no comando dos regimentos e divisões blindadas SS nos últimos dois anos da guerra. Eles contribuíram por muito tempo para manter o nível das unidades SS cujo recrutamento se extinguia. A partir do outono de 1943, a SS chegou a uma situação de crise de contingente: por querer aumentar sem parar o número das divisões SS, começou a faltar pessoal para substituir as perdas. A situação só piorava, obrigando o comando SS a baixar o nível do recrutamento e incorporar maciçamente em unidades de recrutamento alemão indivíduos que diminuíram consideravelmente o valor dessas unidades. Na 9ª Divisão SS, por exemplo, mais da metade dos efetivos, em janeiro de 1945, tinha nascido fora do "Grande Reich" e a maioria achava que este já tinha perdido a guerra.[14]

UMA ELITE EUROPEIA?

Os aduladores da SS se dedicaram, após 1945, época da Guerra Fria, a pintar a Waffen-SS como o protótipo do exército europeu (e implicitamente "antibolchevique") que os líderes da época almejavam. Isso não é verdade. A SS fracassou por muito tempo em atrair numerosos voluntários nos países conquistados ou neutros. A divisão SS Viking, apresentada em sua criação como o protótipo da unidade "germânica", contava em suas fileiras com uma parte relativamente pequena de voluntários estrangeiros no momento da ofensiva contra a URSS, em junho de 1941, ou seja, somente 6% de seus efetivos (1.142 estrangeiros em 19.377).[15] Descartando os numerosos contingentes de alemães étnicos (*Volksdeutsche*) nascidos fora do Reich (principalmente nos Estados da bacia do Danúbio), os 37.367 voluntários estrangeiros "germânicos" que serviam sob o uniforme SS representavam, ainda em 31 de janeiro de 1944, uma cifra "assustadoramente baixa", de acordo com o próprio responsável pelo recrutamento, correspondente a 7,5% dos soldados SS naquele momento.[16] Embora o contingente tenha aumentado nos últimos 15 meses do conflito – quando a SS, contra a vontade, renunciou parcialmente a seus preceitos racistas –, deve-se constatar que as unidades estrangeiras da Waffen-SS tiveram um papel militar menor no conflito, empregadas no mais da vezes na luta contra os *partisans* até 1943 e, depois, lançadas no fogo das batalhas, onde rapidamente se dissolveram. A defesa de Berlim por algumas centenas de soldados SS estrangeiros – alguns deles franceses –, em maio de 1945, tão louvada pelos defensores da Ordem Negra no pós-guerra, não deve nos iludir. Aliás, foi uma maioria de soldados alemães, pertencentes ao corpo de batalha motorizado e blindado SS, que recebeu durante a guerra 90% das Cruzes de Cavaleiro da Cruz de Ferro, uma das mais altas distinções militares

90 | OS MITOS DA SEGUNDA GUERRA MUNDIAL

alemãs.[17] Mesmo que esse critério seja eminentemente discutível, considerando a instrumentalização que o regime nazista fez dele, ele dá uma ideia do pequeno papel militar desempenhado pelos contingentes estrangeiros na Waffen-SS.

ORIGENS DO MITO: *LOBBY* E PROPAGANDA

Cabe agora voltar às origens da reputação de elitismo tão estreitamente associada às tropas SS. É claro que essa reputação tinha fundamento; a tenacidade, a coragem ou o fanatismo – conforme a apreciação de cada um – encontraram-se nas campanhas e batalhas, à imagem dos soldados do regimento SS Deutschland, que preferiram morrer a recuar diante de um contra-ataque de blindados britânicos em maio de 1940. Mas a diferença em relação a outras tropas "de elite" foi a manipulação que Himmler fez desses atos. Assim, no caso citado, ele se apressou a mandar o relatório do comandante de regimento a Hitler, que ficou visivelmente impressionado.[18] Essa valorização de Himmler de suas tropas junto a Hitler, repetida incessantemente em seus encontros, tinha toda a aparência do que hoje chamamos de *lobby*. O objetivo de Himmler era duplo: legitimar aos olhos de Hitler a função militar da SS – que entrava, assim, em concorrência com o exército – e aproveitar o estado de guerra para aumentar ainda mais a influência da organização SS no regime. Ora, toda escalada só podia se justificar no campo militar. Foi o que fez a SS desde os primeiros meses do conflito: seu contingente passou então de 0,6% a 2,4% dos efetivos do exército de setembro de 1939 a junho de 1940.[19]

Em suas intrigas visando a fazer da Waffen-SS a "vitrina ideológica" da Ordem Negra, Himmler encontrou em Hitler um interlocutor receptivo e conciliador: saber que a "tropa do Partido", que encarnava ao mesmo tempo uma elite racial e ideológica, também era uma elite militar, era um discurso que o Führer estava disposto a ouvir.[20] Com o fracasso da operação Barbarossa às portas de Moscou e a crise de confiança que se seguiu entre Hitler e seus generais em dezembro de 1941, o ditador viu na Waffen-SS "o exemplo da futura Wehrmacht nazista", abrindo assim progressivamente o caminho para seu desenvolvimento, até fazer dela o modelo da sociedade alemã em armas.[21] Os beneficiários das mais altas distinções militares serviram, aliás, para essa meta. Ao promover oficiais SS oriundos de classes sociais modestas, o regime exaltou o modelo do soldado cuja eficiência militar se baseava em sua adesão ao nazismo.[22]

Essa vontade política do regime, destinada a favorecer o ramo armado da SS, veio substituir o projeto de aliciamento desenvolvido havia muitos anos pela Ordem Negra na sociedade alemã. Há um dado determinante para compreender a imagem de elitismo associada à Waffen-SS: contrariamente à Wehrmacht, exército de recrutamento para o qual podia ser convocado qualquer cidadão do Reich em idade de portar armas, a Waffen-SS foi sempre apenas o ramo armado de uma organização do partido nazista. Por essa razão, ela só podia – teoricamente – recrutar voluntários. Para seduzir o grande número de candidatos necessários à sua ampliação, a estética e o elitismo eram vetores publicitários incontornáveis. As primeiras campanhas de propaganda da SS para seu recrutamento, baseadas em um conjunto de argumentos ideológicos sólidos, tinham suscitado pouco entusiasmo fora do círculo de militantes SS premidos pela Ordem Negra a aderir ao seu ramo armado. O chefe de recrutamento SS cedo constatara, em novembro de 1940, que lhe era "impossível garantir o recrutamento a longo prazo [...] se não nos tornarmos efetivamente a guarda de Hitler".[23] Por conseguinte, seus serviços haviam apelado, a partir de 1941, a um grafista talentoso, Ottomar Anton, cujos cartazes com uma estética

Cartaz de Ottomar Anton

cuidada ofereceram da Waffen-SS uma imagem extremamente sedutora, própria a atrair vocações entre os jovens, os principais visados. Até 1944, os cartazes de Anton ritmaram a maioria das campanhas de recrutamento da SS tanto no Reich quanto nos territórios ocupados.

Todavia, nesse projeto de sedução, esses cartazes representaram apenas um dos meios de propaganda usados. Consciente da importância da imagem de sua organização junto ao público e aos dirigentes alemães, Himmler estabeleceu, desde a primavera de 1940, as bases de uma perfeita comunicação, criando uma companhia de propaganda SS, confiada ao diretor da revista semanal *Das SchwarzeKorps*, Gunter d'Alquen. Esse *tour de force* foi legitimado, com o apoio de Hitler, com o pretexto de que o exército impedia qualquer evocação às tropas SS.[24] Menos do que sua criação, era o formato dessa unidade que traía as imensas ambições logo expostas pela SS nessa área: ainda que não houvesse um número suficiente de companhias de propaganda para cada uma das forças armadas da Wehrmacht, previu-se uma seção de correspondentes de guerra para cobrir as operações das três formações de campanha SS e da divisão de polícia na campanha de 1940. Esse regime de exceção se manteve quase até o final da guerra. Inundando a imprensa e o noticiário alemão, a unidade semeou, desta maneira, as sementes de uma propaganda que ainda se mantêm. Já em 1940, 282 reportagens escritas pelos correspondentes de guerra SS tinham recebido a acolhida da imprensa alemã, e cada um desses textos foi publicado, em média, seis vezes em um total de 1.716 publicações. E isso era apenas o começo. Em 1942, as publicações atingiam perto de 7.200. Por outro lado, 11.000 ilustrações eram publicadas nos órgãos de imprensa do Reich nos três primeiros anos de funcionamento da unidade SS. Enfim, em 1941 e 1942, o jornal de atualidades semanal projetado nas salas de cinema incluía, em média, duas a três passagens sobre a Waffen-SS.[25] O fenômeno se acentuou ao longo do tempo. No final de 1941, Goebbels constatava, assim, que as unidades da Waffen-SS, embora representassem menos de 5% do contingente no leste, ocupavam "no mínimo 30% a 40%" dos artigos de jornais e revistas ilustradas e se preocupava com as repercussões desse desequilíbrio sobre o moral do exército, que "carregava o pesado fardo da campanha do leste".[26] Essas reservas de Goebbels terminaram após 1942, quando a Waffen-SS foi promovida pelo regime agonizante como modelo militar a ser seguido.

Só se pode compreender a recepção dessa propaganda pelo público se considerarmos alguns trunfos da SS para sua promoção, a começar pelas duas runas SS que, tais como raios, representavam uma "acumulação de energia e sua rapidez".[27] Além dessa estética gráfica, a Waffen-SS soube se destacar das outras organizações do partido e da Wehrmacht por um uniforme diferente, que a valorizava. O uniforme negro dos soldados da guarda pessoal de Hitler antes da guerra era associado à maioria das imagens em que o ditador aparecia, ao passo que a jaqueta e a cobertura de capacete camuflados – introduzidos na primavera de 1940 – equipararam duradouramente as tropas SS às unidades de choque na mente do público. A maneira de filmá-las também contribuiu para reforçar essa impressão: enquanto os *cameramen* do exército privilegiavam a imagem das intermináveis colunas da infantaria progredindo nas estepes russas em 1941 e 1942, os da SS filmavam de perto os combates dos soldados, com as isbás em chamas ao fundo. Enfim, a SS também inovou ao organizar um sistema de correios que lhe permitiu fornecer à mídia alemã, mais rápido do que a Wehrmacht, artigos, filmes e imagens apropriados para seduzir o público, ávido de informações atualizadas e de imagens espetaculares.[28]

A CONTRAPROPAGANDA ALIADA

Para concluir, não é possível compreender a continuidade do mito do soldado de elite SS após a guerra sem evocar o papel da contrapropaganda aliada. A publicidade em torno das unidades SS pelo III Reich os designava naturalmente como os alvos privilegiados da mídia adversária. Especialmente, a reputação de elitismo militar e de brutalidade que caracterizava as tropas SS levou as forças aliadas que as combateram – e as venceram – a se orgulharem naturalmente de as ter enfrentado. Na França, os próprios *maquisards* da Resistência manifestaram uma tendência evidente de ver formações SS em todas as unidades alemãs que enfrentaram.[29] Ora, embora a tenacidade das tropas SS ainda fizesse sentido no verão de 1944, elas perderam muito de sua substância naquele momento. Entretanto, os serviços de informação aliados parecem ter aceitado com dificuldade o rebaixamento de valor dos adversários SS. Evidentemente, esse fenômeno traía um fascínio e um complexo de inferioridade cultivado desde os combates na Normandia. Até mesmo os interrogadores aliados ficaram um tanto decepcionados quando viram desfilar diante de seus olhos homens talvez fanáticos, mas sem grande valor profissional.[30] A 9ª Divisão SS Hohenstaufen, que contribuiu com "uma massa congelada, destruída pelo cansaço e fome" de indivíduos para os campos de prisioneiros nas Ardenas, foi duramente avaliada. Considerado o conjunto dos dados disponíveis, essa divisão "dificilmente condiz[ia] com seu *status* de 'elite'".[31] O estudo estatístico feito sobre esses prisioneiros confirmou amplamente essa impressão, reforçada quando um estudo similar sobre outra divisão comparou a distância entre essa suposta elite e uma boa formação de infantaria comum do exército.[32]

Dois meses antes do final da guerra, os serviços de informação americanos começaram a rever sua posição sobre a Waffen-SS.

Assistia-se a um verdadeiro distanciamento do mito. Foi possível determinar até que ponto a SS tirara proveito dos critérios de seleção física de seus quadros a fim de promovê-los em sua propaganda. Do mesmo modo, a ideia do caráter "frequentemente exagerado" de sua "importância militar" começava a emergir.[33] Porém, essa constatação vinha tarde demais. O mito já estava solidamente consolidado.

NOTAS

[1] Bundesarchiv (BArch), NS 19/1430 (f. 1-4): Chef der Sicherheitspolizei und des SD an Reichsfuhrer-SS, AZ. 1100/42, Betr.: Stimmungsauserungen zur Waffen-SS, 6.3.1942.

[2] Rede des Reichsfuhrers-SS bei der SS-Gruppenfuhrer-Tagung in Posen am 4.10.1943, Tribunal Military Internacional, t. XXIX, documento PS-1919, p. 145.

[3] BArch, NS 19/4005 (f. 73): Rede anlaslich der SS-Gruf.-Besprechungim Fuhrerheim der SS-Standarte "Deutschland" in Munchen, 8.11.1938.

[4] Jens Westemeier, *Himmlers Krieger. Joachim Peiper und die Waffen-SS in Krieg und Nachkriegszeit*, Paderborn, Schoningh, 2014, cap. 3.

[5] BArch, SSO 196 A (Martin Kohlroser, 8.1.1905): Inspekteurder SS-VT an Chef des Personalamtes, 6.7.1937.

[6] Charles Messenger, *Hitler's Gladiator. The Life and Times of Oberstgruppenführer and Panzergeneral-Oberst der Waffen-SS Sepp Dietrich*, Londres, Brassey's Defence Publishers, 1988, p. 83. As execuções na fazenda Paradis, de Aubigny-en-Artois etc., seguem a mesma lógica. Jean-Luc Leleu, "Une guerre 'correcte'? Crimes et massacres allemands a l'Ouest au printemps 1940", em Stefan Martens e Steffen Prauser (ed.), *La Guerre de 1940: se battre, subir, se souvenir*, Lille, Presses Universitaires du Septentrion, 2014, pp. 129-42.

[7] Essa diferença entre as perdas da *Waffen-SS* e do exército deve ser relativizada em razão de um maior número de unidades de apoio da segunda. Mas era sintomática. BArch, SSO 201 A (Richard Korherr, 30.10.1903): Die statistischen erfassten Kriegsverluste der Waffen-SS u. Allgemeine-SS auf Grund der beim Inspekteur fur Statistik nach Kriegsschauplatzen geordneten und zusammengefassten Zahlblatter, Stichtag: 15.10.1944. Percy-Ernst Schramm (ed.), *Kriegstagebuchdes Oberkommandos der Wehrmacht (Wehrmachtführungsstab) 1940-1945*, Bonn, v. 2. Bernard und Graefe, s.d. (edição especial), p. 1106, 1120.

[8] BArch, NS 19/3505 (15-35): SS-T-Div./Kdr. Na SS Fuhrungshauptamt (SS-FHA)/Kommando der Waffen-SS(KdW-SS), IIa, 74/41 g, Betr.: Erfahrungenuberden Nachersatz,15.11.1941. VHA, 4.SS-Pz. Gr.Div., 24/4: SS-FHA/KdW-SS/Ia, 5330/41 g, Betr.: *ibid.*, 8.12.1941.

[9] Vojensky Historicky Archiv (vha), 2.SS-Pz.Div., 46/12: SS-Sturmbannfuhrer Graf von Westphalen, Erfahrungs berichtuber den Osteinsatz, 28.4.1942, p. 3. Cf. também os outros relatórios do dossiê.

[10] Jean-Luc Leleu, *La Waffen-SS. Soldats politiques en guerre*, Paris, Perrin, 2007, pp. 328-36.

[11] BArch, SSO 71 A (Paul Hausser, 7.10.1880): Reichsfuhrer-SS, Lieber Hausser!, (31).3.1943, p. 3.

[12] Jens Westemeier, *Himmlers Krieger, op. cit.*, pp. 278-86.

[13] VHA, 9.SS-Pz.Div., 4/1: SS-Pz.Gr.Div. "H"/Ia, 1222/43 g, Betr.: Erfahrungsbericht des II. SS-Pz. Korps, 2.7.1943.

[14] National Archives and Records Administration (NARA), RG 492/Entry ETO-MIS6Y Sect/Box 63: First Army Special Report, Facts and Figures about the 9 SS Div "Hohenstaufen", 15/16.1.1945.

[15] Mark P. Gingerich, "Waffen-SS Recruitment in the "Germanic Lands", 1940-1941", *The Historian*, n. 59, 1997, pp. 815-30, aqui p. 829.

[16] BArch, NS 19/3987 (f. 12-13): Ansprache des Chefs des SS-Hauptamtes (CdSSHA), "Aufdem Wegzumgermanischen Reich" (26.2.-1.3.1944).

[17] Bernd Wegner, *Hitlerspolitische Soldaten. Die Waffen-SS, 1933-1945*, Paderborn, Schoningh, 2008 (1982), p. 279 e 281.

[18] George H. Stein, *La Waffen-SS*, Paris, Stock, 1967 (ed. americana, 1966), p. 96 e 97.

[19] Bernhard R. Kroener, Rolf Dieter Muller e Hans Umbreit, *Organisation und Mobilisierung des deutschen Machtbereichs. Kriegsverwaltung, Wirtschaft und personelle Ressourcen, 1. Halbband: 1939-1941*, Stuttgart, MGFA/DVA, 1988, gráfico após p. 834.

[20] Ver, por exemplo, suas declarações na noite de 3 para 4 de janeiro de 1942. Werner Jochmann (ed.), *Adolf Hitler. Monologue imFührerhauptquartier 1941-1944*, Munique, Orbis Verlag, 2000 (1980), pp. 168-9.

[21] BArch, NS 19/2652 (f. 9): NSDAP/Gau Halle-Merseburg/Gauleiter, Sehr geehrter Herr Reichsfuhrer!, 21.5.1942.

[22] Jean-Luc Leleu, *La Waffen-SS, op. cit.*, pp. 671-77.

[23] BArch, NS 19/1711 (f. 162): CdSSHA an Chef des PersonellenStabes RF-SS, 13.11.1940.

[24] BArch, RS 4/47 (f. 25): Besprechung bei SS-Inspektion, 15.4.1940; NS 19/132 (f. 17): RF-SS [an] Gen. Oberst V. Brauchitsch, AR/314/11, 17.4.1940.

[25] Office of Director of Intelligence, *CINFO Report No.4. "SS-Standarte Kurt Eggers"*, restricted, s.l., Office of Military Government for Germany, 14.1.1946.

[26] Elke Frohlich (ed.), *Die Tagebücher von Joseph Goebbels*, t. II, v. 2, Munique, KG Saur, 1996, p. 285 (14.11.1941).

[27] Victor Klemperer, *LTI, la langue du IIIe Reich. Carnets d'un philologue*, Paris, Pocket, 2003 (ed. alemã, 1975), p. 103.

[28] Jean-Luc Leleu, *La Waffen-SS, op. cit.*, pp. 641-6.

[29] A atribuição às tropas SS do massacre de Vassieuxen-Vercors, perpetrada por paraquedistas da Luftwaffe, é um exemplo flagrante disso.

[30] Cf., por exemplo, NARA, RG 492/EntryETO-MIS-Y, Sect/Box 62: FUSA, PWIReport, # 18, 19.12.1944 (# 10); *ibid.*, # 19, 20.12.1944 (# 3).

[31] NARA, RG 492/Entry ETO-MIS-Y, Sect/Box 63: FUSA, POW I Report, # 14, 15.1.1945 (# 7).

[32] NARA, RG 492/Entry ETO-MIS-Y, Sect/Box 63: FUSA, 9 SS Div (survey), 15/16.1.1945, p. 1; Box 64: 12 VG Div (survey), 1/2.3.1945, p. 1.

[33] War Department, *Handbook on German Military Forces (15 March 1945)*. Chap. III, 21 & 22.

BIBLIOGRAFIA SELECIONADA

Leleu, Jean-Luc, *La Waffen-SS. Soldats politiques enguerre*. Paris: Perrin, 2007.

Schulte, Jan Erik, Lieb, Peter, et Wegner, Bernd (ed.), *Die Waffen-SS. Neue Forschungen*. Paderborn: Schoningh, 2014.

Wegner, Bernd, *Hitlerspolitische Soldaten. Die Waffen-SS, 1933-1945*. Paderborn: Schoningh, 2008 (1982).

A Segunda Guerra Mundial, um assunto de homens

FABRICE VIRGILI

Eisenhower, Jukov, MacArthur, Montgomery e Rommel dentre os militares; Churchill, Hiroito, Hitler, Mussolini, Roosevelt, Stalin, dentre os *homens* de Estado; De Gaulle, Laval, Leclerc, Moulin, Pétain, Weygand... dentre os franceses. Essa lista de nomes masculinos que encarnam a Segunda Guerra poderia continuar por muito tempo até que aparecessem as primeiras mulheres. Nem militares nem políticas, elas são, na maior parte do tempo, figuras de devoção, de martírio, às vezes, de resistência, também de traição. Quando a Segunda Guerra se alastrou pelo mundo, este era, mais ainda do que hoje, amplamente dominado pelos homens. O poder estava em suas mãos. É fato que, na metade da Europa e nos Estados Unidos, as mulheres já votavam havia uns vinte anos, mas quase nenhuma tinha responsabilidades políticas ou participação nas questões militares. Então, que papel elas tinham na guerra? Nenhum ou quase nenhum, e os estatísticos, por muito tempo cegos à questão de gênero, não se preocupavam em contabilizá-las. Os franceses do comando Kieffer, que atuou no desembarque da Normandia, são conhecidos quase individualmente: 177; mas se sabe quantas mulheres participaram dessas operações? No entanto, como operadoras de rádio, motoristas, enfermeiras, repórteres de guerra, as mulheres também desembarcaram nas costas francesas em junho (Normandia) e em agosto de 1944 (Provença). Ainda que fotografias provem sua participação e que algumas frases em obras de referência ou livros de memórias indiquem vestígios de sua presença, esses elementos não possibilitam um levantamento estatístico. De fato, fundamentalmente, "elas não contam". Na batalha, só conta o combatente, aquele que leva à morte, o guerreiro, em suma.

MULHERES DE UNIFORME

Entretanto, se nos limitarmos primeiramente aos exércitos regulares aliados do segundo conflito mundial, observamos que todos os países tinham mulheres militares: combatentes no Exército Vermelho, auxiliares nos corpos australianos, britânicos, canadenses, estadunidenses, franceses livres ou poloneses.[1] À exceção surpreendente do Japão, também no Eixo elas participavam: *Wehermachtshelferinnen* do exército alemão, *Servizio Ausiliario Femminile* da República Social Italiana e *Lottas* finlandesas. No total, centenas de milhares de mulheres, cujos *status* e funções variavam de acordo com os exércitos, usavam o uniforme de seu país. Poucas deixaram seu nome para a posteridade como a comandante Marina Raskova, fundadora de três regimentos femininos de aviação, cujas pilotas ficaram conhecidas por sua denominação alemã "Bruxas da noite", ou, também no Exército Vermelho, a tenente Liudmyla Mykhailivna Pavlychenko, atiradora de elite, que matou 309 soldados inimigos entre junho de 1941 e junho de 1942, data em que, ferida, foi retirada do *front* e depois enviada aos Estados Unidos em turnê. Na França livre, lembremos da tenente Torres, que se tornou Suzanne Massu e liderou a unidade Rochambeau das motoristas de ambulância da 2ª DB. No Pacífico, a tenente-coronel Sybil Irving foi nomeada para o comando do *Australian Women's Army Service*. Na Luftwaffe, a capitã da aeronáutica Hanna Reitsch, pilota de ensaio e nazista convicta, chegou a oferecer seus serviços para criar uma unidade de pilotos suicidas como os camicases japoneses. Foi a única alemã condecorada com a Cruz de Ferro de 1ª classe. Algumas mulheres foram assim reconhecidas, graduadas e condecoradas, ao lado de centenas de milhares de homens.

CIVIS, PORTANTO VÍTIMAS...

Não são essas exceções que mudam a percepção de que a guerra é um "assunto de homens". Contudo, é um paradoxo considerar a guerra como um monopólio masculino e ver, nos dois conflitos mundiais que dilaceraram o século XX, "guerras totais", mobilizando *todos* os recursos dos beligerantes. No primeiro conflito, e mais ainda no segundo, a totalidade das populações foi não somente mobilizada para o esforço de guerra, mas também se tornou objetivo de guerra, um parâmetro novo do desenrolar das operações. O *front* e a retaguarda, ao menos na Europa continental, não se distinguiam mais, pois o território inteiro e a sociedade eram atravessados, às vezes com frequência, pelo *front*. Uma guerra total não é mais somente dos combatentes, é de toda a população. É fato que, no campo de batalha, as perdas eram essencialmente militares e, portanto, masculinas. Mas, em muitos lugares, quando se bombardeava uma cidade, assassinava-se a população, faziam-se represálias, e as vítimas eram, então, sobretudo civis, homens e mulheres, de todas as idades. O "total" não é masculino, ele engloba diretamente as mulheres, como vítimas, mas também como agentes, pelas estratégias criadas para sobreviver, escapar, participar dos acontecimentos. Ele as inclui também, pois as mulheres se tornaram objetivos de guerra, e as autoridades civis e militares consideram sua existência nas políticas aplicadas e nas decisões tomadas.[2]

...DAS BOMBAS

Desde o começo da guerra, os civis passaram a ser objetivos militares. O ataque japonês contra a China começou em agosto de 1937 por uma dezena de dias de bombardeios da cidade de Shangai, antes que o Exército Imperial desembarcasse para conduzir as operações terrestres. Na Europa, a ofensiva alemã contra a Polônia, em setembro de 1939, foi acompanhada de bombardeios aéreos de Varsóvia. Não se tratava de destruir objetivos militares, mas de atacar os civis, porque havia mulheres e crianças dos dois sexos, para mostrar a determinação do atacante e fazer o adversário se curvar, incapaz de proteger "suas" mulheres e "suas" crianças. Vários milhares de mortos em Shangai, aproximadamente 25 mil em Varsóvia, desde o início do conflito, os civis se encontraram no coração da batalha. Na França e na Inglaterra, o destino de Varsóvia levou os poderes públicos a multiplicar abrigos e proteções e a evacuar as crianças das cidades para o campo. A máscara de gás, arma defensiva do soldado desde o verão de 1915, era agora distribuída aos homens e às mulheres das cidades francesas de 1939.

...DOS DESLOCAMENTOS

Alguns meses mais tarde, em maio de 1940, durante a ofensiva alemã a oeste, a Luftwaffe reconduzia a operação contra Rotterdam. O número de vítimas era menor, mil aproximadamente, mas, aplicado à Holanda neutra, chocou novamente. Outro efeito dessa ofensiva foi o gigantesco êxodo provocado pelo avanço da Wehrmacht. Oito milhões de mulheres, idosos e crianças tomaram em fuga as estradas da Bélgica e da França. Muitas fotografias, mais uma vez, testemunham uma população dos dois sexos, com inúmeras mulheres sem notícias de seus maridos recrutados. Essa catástrofe humanitária para a França foi uma vantagem estratégica para o Exército alemão. Aumentando o pânico ao metralhar colunas de refugiados, as estradas invadidas foram facilmente bloqueadas e se tornaram inúteis para as tropas franco-britânicas. Desse modo, os primeiros meses da guerra marcaram a entrada maciça das mulheres nas fileiras das vítimas. A *blitz* nas cidades inglesas, de agosto de 1940 a meados de maio de 1941, e depois a ampliação das campanhas anglo-americanas de bombardeio da Europa alemã a partir de 1942-1943 apenas confirmaram esse fenômeno; o bombardeio estratégico, cuja intenção era acabar com o moral e a vontade do país adversário, incluía explicitamente as mulheres e as crianças entre os objetivos militares. No total, estimam-se 600 mil civis europeus mortos pelas bombas e 1 milhão de feridos.[3] Quanto aos refugiados e pessoas desalojadas, como avaliar precisamente as dezenas de milhões de pessoas mais ou menos obrigadas a deixar sua casa, evacuadas, refugiadas, trabalhadoras voluntárias ou forçadas, prisioneiras, deportadas? Mais uma vez, as estatísticas não são suficientes para saber. Porém, fotografias, relatórios e depoimentos nos revelam a presença maciça das mulheres, às vezes majoritária nessas populações. Quantas, após a guerra, não tinham mais casa para a qual voltar porque a sua fora destruída ou ocupada por outros?

...DOS ASSASSINATOS EM MASSA

A outra violência que provocou uma grande mortalidade de mulheres foi o assassinato dos judeus europeus pelos nazistas. A análise de gênero não é forçosamente pertinente para compreender o que ocorre na câmara de gás considerando que a vontade dos carrascos era justamente aniquilar toda a humanidade das vítimas, destruí-las até às cinzas. Homens e mulheres ali tiveram o mesmo destino. Mas, se a vontade genocida do nazismo visava à destruição total e absoluta da população judia, as modalidades de extermínio das mulheres foram, por vezes, distintas. Na organização dos ataques e dos primeiros comboios que partiram da França para Auschwitz, a população era essencialmente masculina; nos sete primeiros comboios, de 27 de março a 19 de julho de 1942, 95% dos 7.073 deportados eram homens. Logo depois, após a detenção maciça de mulheres no ataque do Velódromo de Inverno, os comboios passaram a ser mistos, com poucas exceções. No total, dos 75.280 judeus franceses deportados para a Alemanha, contam-se 31.625 mulheres, ou seja, 42%. Apenas 913 sobreviveram. As variações na deportação, como a seleção feita pelos nazistas na chegada dos comboios, enviando diretamente à morte crianças, idosos, mulheres grávidas ou com filhos, não mudam o resultado da execução, mas mostram que os carrascos levavam em conta o sexo das vítimas. Os efeitos de gênero se davam de maneira contraditória. Primeiro, porque a detenção dos homens foi um aviso para que as mulheres se escondessem. Após a detenção, porque sua suposta fragilidade na visão dos médicos SS as destinava mais rapidamente à câmara de gás.

No leste, as chacinas das populações judias feitas pelos *Einsatzgruppen* também revelam um *crescendo*. As execuções em massa visaram, de início, à população masculina adulta; depois, no verão de 1941, também às mulheres em número cada vez maior; enfim, a partir de meados de agosto, meninos e meninas passaram a fazer parte dos judeus a serem assassinados.[4] As possibilidades de escapar a esses massacres eram terrivelmente reduzidas. O balanço de fevereiro de 1942 feito pelo comandante SS Jäger acerca da aplicação da "Solução Final" na Lituânia, então declarada "livre de judeus", calcula 136.421 judeus assassinados – 46.403 homens, 55.556 mulheres e 34.464 crianças.[5] O número menor de homens, 46%, deve-se ao recrutamento de uma parte deles pelo Exército Vermelho antes da invasão alemã. Sem entrar na questão de seu destino como combatentes soviéticos, o *status* de soldado os protegeu do genocídio.

UMA VIOLÊNCIA ESPECÍFICA: O ESTUPRO

Às violências feitas aos dois sexos, convém acrescentar aquelas que dizem respeito especificamente às mulheres, sobretudo as violências sexuais. Embora ignorada por muito tempo pela pesquisa, pois não pareciam modificar o destino da batalha, a prática do estupro foi cometida em diferentes momentos, em diferentes frentes e por soldados de diferentes exércitos, contra inúmeras mulheres. Cabe distinguir os estupros cometidos isoladamente por soldados que, escapando ao controle da hierarquia, cometeram um crime sexual, dos estupros que buscavam "aterrorizar" as populações visadas. No primeiro caso, soldados aproveitavam o poder que lhes dava o uniforme e que facilitava sua entrada na casa das vítimas. A ameaça de uma arma contribuía para forçar uma relação sexual; enfim, o distanciamento de casa e a mistura entre a população e a tropa ao sabor dos acontecimentos acentuavam seu sentimento de impunidade. Quase sempre, eles estupraram, isoladamente, mulheres que consideravam à mercê de seu desejo e de sua força. Como o estupro era proibido em tempos de paz e em todos os códigos militares, esses soldados foram mais ou menos perseguidos. Alguns foram condenados severamente, às vezes à morte, sendo executados; outros se beneficiaram de alguma indulgência de seus oficiais e foram censurados, penalizados ou transferidos para outro teatro de operações. Assim, membros da Wehrmacht que estupraram francesas durante a Ocupação foram condenados à prisão ou transferidos para o *front* russo. Soldados americanos, acusados de estupro na Inglaterra, na França ou na Alemanha,[6] foram julgados pelas cortes marciais de seus exércitos e, em certos casos, condenados à morte e enforcados, por vezes diante da vítima e de sua família. Esse crime sexual favorecido pelo contexto de guerra é, no entanto, a soma de atos individuais. Diferentes foram os estupros cometidos por centenas, por milhares, até mais do que isso.

O caso mais conhecido é o estupro das alemãs cometido por soldados do Exército Vermelho. Os dados registram centenas de milhares durante a ofensiva soviética no território do Reich.[7] Luta sem trégua, o confronto germano-soviético se transformou numa guerra de revanche para os soldados do Exército Vermelho.

Embora a mortalidade dos prisioneiros de guerra e os massacres das populações tenham sido bem menores se comparados ao sofrimento dos soldados e civis soviéticos, os estupros foram particularmente maciços. O temor disso, amplamente reforçado pela propaganda nazista, provocara no começo o êxodo das populações, até mesmo o suicídio daquelas que anteciparam tal violência. Sua realidade vinha afirmar o poder soviético sobre as mulheres alemãs, uma vez que seus homens haviam sido derrotados. Era também uma maneira de infligir à pretensa "raça dos vencedores" uma mancha biológica maior: os filhos "arianos" seriam então meio eslavos, caucasianos ou asiáticos. Essa forma de estupro de conquista não foi praticada apenas pelo Exército Vermelho. Na Itália meridional, as tropas coloniais do corpo expedicionário francês foram responsáveis por milhares de estupros. No último estudo sobre o assunto, Julie Le Gac levanta a cifra de 3 a 5 mil estupros de mulheres italianas.[8] Eles eram ao mesmo tempo uma razia, isto é, uma pilhagem tolerada desde a conquista colonial para integrar no exército francês os combatentes das tribos do Rife e do Médio Atlas, do Marrocos, e uma punição da população vista como inimiga e, portanto, a ser submetida. O ressentimento perdurou nas populações do sul da Itália, mesmo que as vítimas, de todas as idades, tenham sido acolhidas pela sociedade local. Queixas-crimes foram feitas, e as autoridades francesas pagaram indenizações até os anos 1970.

Outro exemplo são os estupros cometidos no contexto de políticas de terror executadas pelo Exército alemão na França, entre maio e agosto de 1944, para impedir que a população ajudasse os membros da Resistência. Foram acompanhados de outras violências, de execuções de habitantes, na maioria das vezes homens, de incêndios e de pilhagens. O conjunto desses crimes de guerra era cometido nos atos de terror que se espalhavam por toda uma região. As mulheres de vários vilarejos da Bretanha, do vale do rio Ródano, do sudoeste ou dos Alpes foram vítimas dessa política, cujo objetivo tático era petrificar a população, uma vez bem-sucedido o desembarque da Normandia. Ainda que essas exações figurassem na lista dos crimes de guerra, criada em 1943 pela United Nations War Crimes Commission, e fossem qualificadas pela Lei nº 10 do Conselho de Controle Aliado, de 20 de dezembro de 1945, de crimes contra a humanidade,[9] ninguém foi condenado por esse motivo nos processos de Nuremberg.

AGIR PARA SOBREVIVER

A presença maciça de mulheres entre as vítimas da guerra poderia bastar para demonstrar que a guerra não foi de modo algum um assunto apenas de homens. Entretanto, dessas mulheres permaneceria a imagem dominante de seres passivos, vítimas dos acontecimentos, não podendo nem querendo agir sobre o curso da guerra, tampouco sobre o próprio destino. Isso significaria esquecer a grande quantidade de estratégias de evasivas ou de atenuação diante das ameaças que acabamos de citar. No contexto particularmente restrito de uma guerra, no horizonte mórbido desses anos sombrios e negros, homens e mulheres desenvolveram todo tipo de ações para escapar, para viver ou pelo menos sobreviver. Para muitos, em especial a população operária e urbana, proteger-se, aquecer-se, vestir-se e alimentar-se era uma tarefa diária. Não de modo passivo, mas sim buscando o que fosse possível para garantir a vida dos entes próximos. Nessa função, as mulheres estavam em primeiro plano; na atribuição dos papéis, cabia a elas a manutenção e o abastecimento do lar. Gestão dos tíquetes de racionamento, filas de espera, autoprodução, escambo, mercado negro, sacrifício de suas rações em favor da família. Alimentar os seus era, para muitas, uma obsessão. Para a maioria, atravessar a guerra foi uma prova solitária, na falta de um marido soldado, prisioneiro, trabalhador voluntário ou requisitado, deportado. Porém, diferentemente do primeiro conflito mundial, não havia mais retaguarda. À exceção dos Estados Unidos e do Canadá, todos os beligerantes passaram ao menos pela guerra aérea (o Reino Unido), no mais das vezes, por combates terrestres e pela ocupação de seu próprio solo.

Para escapar a esse dia a dia mortificante e pela imensa mistura de populações que foi a guerra, homens e mulheres se encontraram, se amaram fugazmente ou por mais tempo. Esses amores se traduziram, em todo o continente, por centenas de milhares de nascimentos de crianças cujo pai era desconhecido, esquecido, desaparecido.[10] Talvez essa seja a única área na qual não se considera mais a guerra como um assunto exclusivamente masculino, a única cuja responsabilidade (i)moral caberia apenas às mulheres. Enquanto a sexualidade masculina permanecia uma questão privada, o controle da sexualidade das mulheres por autoridades que assumiam o lugar dos maridos aumentou em tempos de guerra. Foram elas de fato que, durante o conflito e no pós-guerra, tiveram de carregar, parir, abandonar ou criar essas inúmeras crianças; tiveram de sofrer a condenação e a rejeição familiar, moral e social e, às vezes, como ocorreu na Noruega, um banimento instituído pelo governo.

RESISTENTES

A ação das mulheres não diz respeito apenas às escolhas de ordem privada, familiar ou profissional. Tarefas como preparar a refeição, cuidar e encontrar roupas eram, com certeza, domésticas, mas, quando feitas em favor de um aviador aliado abatido e escondido, incluíam-se entre as principais missões das redes de resistência da Europa ocidental. Menos espetaculares do que uma sabotagem, pouco reivindicados após a guerra, esses atos raramente levaram à solicitação e à entrega de medalhas ou de *status* reconhecendo essas mulheres como resistentes. Mas nem por isso deixavam de ser extremamente arriscados, tanto quanto as outras formas de envolvimento na Resistência. Desde o início da Ocupação, as mulheres se engajaram já nas primeiras redes de resistência. A fragilidade das iniciativas e dos efetivos e o revés masculino da derrota haviam tornado os homens que desejavam prosseguir a luta menos meticulosos. Não somente os gestos de boa vontade eram bem-vindos, mas rapidamente as dificuldades da clandestinidade revelaram a vantagem de contar com mulheres em uma rede. Menos suspeitas aos olhos dos alemães e dos policiais, era mais fácil para elas ficarem à espreita, transportarem em uma inocente sacola ou mesmo junto ao corpo panfletos ou jornais clandestinos, às vezes, armas. Com algumas exceções, as atribuições de gênero foram logo restabelecidas na clandestinidade, tanto nas redes urbanas quanto nos maquis. No entanto, algumas mulheres comandaram redes, como Marie-Madeleine Fourcade (Alliance) ou GermaineTillion (Museu do Homem) na França, Anne Sofie Østvedt na Noruega (XU) e Andrée De Jongh na Bélgica (Comète). Outras foram figuras importantes da resistência comunista, tais como a italiana Carla Caponi, Hannie Schaft nos Países Baixos ou a francesa Marie-Claude

Vaillant-Couturier. Deportada para Auschwitz e, depois, para Ravensbrück, Vaillant-Couturier testemunhou no tribunal de Nuremberg. Do lado comunista, assinalemos igualmente a ação das *partisans*: na URSS ocupada, na Iugoslávia, no seio do E.L.A.S. grego ou entre as *partigiani* italianas.

De modo global, as mulheres foram bem menos numerosas do que os homens na Resistência, em torno de 10% a 15%, mesma proporção encontrada antes da guerra nos partidos políticos. Mas foram igualmente vítimas da repressão. Um pouco menos de 8 mil francesas foram deportadas, ou seja, 12% das deportações chamadas de repressão, quase todas reunidas no campo de concentração de Ravensbrück, principal campo de mulheres do III Reich. Cento e vinte mil mulheres, de todas as nacionalidades, foram aprisionadas nesse campo de 1939 a 1945, e várias dezenas de milhares lá morreram.[11] O governo de Vichy obteve dos alemães a promessa de não fuzilar nenhuma mulher em solo francês. À exceção notável da belga Suzanne Spaak, fuzilada no pátio da prisão de Fresnes, em 12 de agosto de 1944, as resistentes condenadas à morte pelos tribunais militares alemães eram deportadas para a Alemanha para serem guilhotinadas. Olga Bancic, membro do grupo Manouchian da FTP-MOI (Franco-atiradores e *partisans* – Mão de Obra Imigrante), contrariamente a seus companheiros fuzilados no monte Valérien, em 21 de fevereiro de 1944, foi guilhotinada três meses depois na prisão de Stuttgard. Destino idêntico teve France Bloc-Sérazin, na prisão de Hamburgo, ou Véra Obolensky, na prisão de Plötzensee, em Berlim. O mesmo se deu com as alemãs. Gertrud Seele foi executada por ter escondido judeus e feito declarações derrotistas na mesma prisão berlinense, em janeiro de 1945. A mais conhecida delas, Sophie Scholl, fundadora do grupo Rosa Branca com o irmão Hans, foi executada em Munique, em 22 de fevereiro de

1943. Essas mulheres se tornaram mártires, acompanhadas por outras, como Danielle Casanova, morta na deportação, Bertie Albrecht, que se suicidou na prisão de Fresnes para evitar falar, ou a *partisan* soviética Zoia Kosmodemianskaia, enforcada em 20 de novembro de 1941, tendo o corpo exibido durante semanas e depois mutilado. Mortas por terem se oposto ao nazismo, essas mulheres tornaram-se ícones porque representavam tanto a determinação de uma população inteira que se insurgia contra o ocupante, inclusive as mulheres, quanto a barbárie da opressão nazista, que as atacava tão violentamente.

Porém, se algumas entraram para a Resistência, com todos os riscos que isso implicava, outras fizeram a escolha inversa ao se engajarem no nazismo.

NAZISTAS E COLABORADORAS

Primeiramente na Alemanha, para além das organizações de massa destinadas às jovens (*Bund Deutscher Mädel*) e às mulheres (*Nationalsozialistische Frauenschaft*), a fim de englobar toda a população do Reich, algumas delas se engajaram voluntariamente na violência nazista. Cerca de 3.500 mulheres entraram na SS e se tornaram guardas de campos de concentração.[12] Eram tão cruéis quanto seus homólogos masculinos, mas várias receberam, após a descoberta dos campos e de sua prisão, apelidos específicos às mulheres, como a Bruxa de Buchenwald (Ilse Koch), a Besta de Auschwitz (Maria Mandl) ou, no mesmo campo, a Hiena (Irma Grese). Muitas delas foram condenadas e enforcadas após a guerra pelos tribunais militares aliados.

No restante da Europa, as mulheres optaram por colaborar. Na França, a União Nacional Popular (RNP) de Marcel Déat foi provavelmente a organização que mais recrutou mulheres, dirigindo-se particularmente às esposas de prisioneiros. Presentes nas organizações políticas (RNP, Partido Popular Francês de Doriot), também são encontradas em organizações paramilitares, como a Legião das Voluntárias Francesas ou a Milícia de Joseph Darnand; nunca em armas, mas como enfermeiras, datilógrafas, tradutoras. Essas competências também eram buscadas pelas tropas de ocupação, que recrutaram muitas mulheres na França, mas também no Reich, para onde 70 mil francesas se dirigiram voluntariamente para trabalhar. Finalmente, o clichê da mulher tagarela e leviana rotulou as mulheres como delatoras ativas, mesmo que as denúncias, tão preciosas para as forças de repressão, viessem também dos homens. Esse engajamento colaboracionista foi, por um lado, severamente reprimido na Libertação – a proporção de mulheres condenadas e presas ultrapassou muito a dos tempos de paz – e, por outro, mais atribuído à influência do marido ou do amante, ao atrativo do ganho ou à imoralidade do que a uma verdadeira escolha ideológica e a convicções.

Por que então um "assunto de homens"? As mulheres que tiveram as cabeças raspadas nos países libertados da Europa, as *Trümmerfrauen* na Alemanha do imediato pós-guerra e as funcionárias japonesas do Exército americano de ocupação no Japão representam três figuras de mulheres que ajudam a compreender melhor por que o pós-guerra se construiu sobre a ideia de um conflito masculino.

Em todos os países da Europa que haviam sido ocupados, recuperar a independência demandava a exposição dos traidores. Por toda parte, as escolhas ideológicas haviam fraturado a comunidade nacional, aquelas e aqueles que optaram pela colaboração na Europa nazista tinham de pagar. Embora realizada em nível nacional, às vezes, microlocal, a purga foi um fenômeno europeu. O nazismo quase tomara o continente, convinha garantir que seus partidários fossem impedidos de continuar atuando. A purga foi também um evento particularmente "relacionado a gênero", pois acusações e punições diferiam em função do sexo do acusado. Ainda que mulheres tivessem se envolvido na colaboração em todas suas formas, impôs-se a imagem dominante da colaboradora "horizontal", isto é, daquela que mantivera relações sexuais com os soldados da ocupação. Mesmo tendo consequências menores sobre o curso da guerra do que fazer propaganda a favor do nazismo ou trabalhar para os alemães, ser uma *"poule à boches"** em francês, uma *Tyskpigger* em dinamarquês, uma *moffenhoerren* em holandês e até uma *jerrybag* nas ilhas anglo-normandas, parecia de extrema gravidade simbólica. Assim, dezenas de milhares de mulheres tiveram suas cabeças raspadas na Europa, sem poder substituir por outro castigo, mas acompanhado de um confinamento ou uma condenação pelos tribunais encarregados de punir a colaboração. Independentemente da realidade política de sua colaboração, impunha-se a imagem de corpos de mulheres castigadas por terem cometido uma traição sobretudo sexual. Enquanto a sexualidade dos homens – prisioneiros, trabalhadores livres ou requisitados na Alemanha – não preocupava ninguém, toda a Europa, ao contrário, puniu as mulheres que haviam "errado". Trata-se da reafirmação de um controle masculino sobre o corpo das mulheres, controle que os homens haviam temido perder em meio à perturbação dos anos de guerra.

Enquanto, no restante da Europa, puniam-se as colaboradoras, na Alemanha em ruínas, emergia a figura de outras mulheres,

---

* N.T.: Literalmente, "galinha dos alemães".

urbanas ou refugiadas, que viviam em cidades destruídas e contribuíam para a limpeza dos escombros. Em julho de 1946, pela Lei nº 32 do Conselho de Controle Aliado, todas as mulheres entre 15 e 50 anos podiam ser contratadas para a remoção de entulhos. Numa Alemanha com a razão de sexos muito desfavorável aos homens, mortos, desaparecidos ou prisioneiros – o déficit masculino era de 7 milhões –, as *Trëummerfrauen*, as "mulheres das ruínas", contribuíram maciçamente para apagar as marcas mais visíveis da guerra e para iniciar a reconstrução do país. Para substituir os homens ausentes, elas arregaçavam as mangas e, sob o controle aliado, preparavam lindos lares para a nova Alemanha, dispostas a se apagarem assim que seus maridos retornassem. Essa imagem de sofrimento e de inocência anulava progressivamente seu envolvimento com o nazismo. No entanto, alguns meses antes, no começo de 1945, 500 mil alemãs ainda pertenciam à Wehrmacht e 4 mil à Waffen-ss.[13]

Contrariamente a todos os outros beligerantes, nada no Japão levara o governo e o Estado-Maior a recrutar as mulheres. Além das manifestações de patriotismo e da repetição contínua de sua aceitação do sacrifício de seus filhos, irmãos ou maridos, as japonesas foram mantidas a distância. Esse distanciamento proporcionava uma imagem de doçura e de submissão às mulheres, que correspondia aos estereótipos ocidentais e americanos da mulher japonesa. Após a capitulação do Japão, em 15 de agosto de 1945, a ocupação do arquipélago começou no dia 28 com o desembarque das tropas aliadas. Um dos aspectos da política de desmilitarização do Japão aplicada pelo general MacArthur, que se tornou governador militar do país, apoiava-se na população feminina. Como eram consideradas naturalmente mais pacíficas, o direito de voto das mulheres foi imposto na nova Constituição. O sistema familiar feudal foi substituído por novas leis civis; por fim, estimulou-se a criação de associações de mulheres para divulgar os novos ideais democráticos e contribuir para a desmilitarização-desvirilização da sociedade japonesa.[14]

Colaboradoras cuja sexualidade era destacada para melhor esquecer seu engajamento, desentulhadoras miseráveis que sumiam com as ruínas do nazismo à espera de seus maridos cativos, japonesas tão pacíficas que não podiam ter sido belicosas: essas três figuras femininas do fim da guerra vieram para devolver aos homens suas atribuições guerreiras. Foi nos campos de batalha que a guerra havia sido ganha, que a história de seus heróis foi escrita. Terminava uma guerra de homens. Era importante, devido à profundidade dos traumas que eles também viveram, que reconstruíssem uma virilidade prejudicada pelas derrotas, ocupações, medo e sofrimento. Um destino compartilhado, em muitos aspectos, pelas mulheres – para as quais a exigência multissecular de sofrer em silêncio tornou-as mais discretas logo no pós-guerra.

NOTAS

[1] *Australian Women's Army Service, Auxiliary Territorial Service* (Reino Unido), *Canadian Women's Army Corps, Women's Army Auxiliary Corps* (Estados Unidos), Auxiliaires féminines de l'armée de terre (França), *Pomocnicza Służba Kobiet* ou *Pestki* (Polônia).

[2] Luc Capdevila, Francois Rouquet, Fabrice Virgili e Daniele Voldman, *Sexes, genre et guerres: France, 1914-1945*, Edição revista, corrigida e atualizada, Paris, Payot & Rivages, 2010.

[3] Richard Overy, *Sous les bombes. Nouvelle histoire de la guerre aérienne (1939-1945)*, Paris, Flammarion, 2014, p. 9.

[4] Christian Ingrao, "Violence de guerre et genocide. Le cas des *Einsatzgruppen* en Russie", *Les Cahiers de la Shoah*, v. 7, n. 1, 2003, pp. 15-44.

[5] Ronald Headland, *Messages of Murder: a Study of the Reports of the Einsatzgruppen of the Security Police and the Security Service, 1941-1943*, Londres/Toronto, Fairleigh Dickinson University Press, 1992.

[6] J. Robert Lilly, *La Face cachée des GI's: les viols commis par des soldats américains en France, en Angleterre et en Allemagne pendant la Seconde Guerre mondiale, 1942-1945*, trad. francesa Benjamin e Julien Guerif, nova edição, Paris, Payot & Rivages, 2008.

[7] Norman M. Naimark, *The Russians in Germany – A History of the Soviet Zone of Occupation 1945-1949*, reimpressão, Cambridge, Harvard University Press, 1997.

[8] Julie Le Gac, *Vaincre sans gloire. Le corps expéditionnaire français en Italie*, 1ª ed., Paris, Les Belles Lettres, 2014, pp. 417-67.

[9] *Trial of the Major War Criminals before the International Military Tribunal, Nuremberg, 14 November 1945-1 October 1946* (http://avalon.law.yale.edu/imt/imt10.asp, acesso em 25 de março de 2015).

[10] Fabrice Virgili, *Naître ennemi. Les enfants de couples franco-allemands nés pendant la Seconde Guerre mondiale*, Paris, Payot, 2009.

[11] Bernhard Strebel, *Ravensbrück. Un complexe concentrationnaire*, Paris, Fayard, 2005.

[12] Elissa Mailander, "La violence des surveillantes des camps de concentration national-socialistes (1939-1945): réflexions sur les dynamiques et logiques du pouvoir", *Encyclopédie en ligne des violences de masse*, publicado em 6 de março de 2012, acesso em 9 de abril de 2015 (http://www.massviolence. org/Laviolence-des-surveillantes-des-camps-de-concentration), ISSN 1961-9898.

[13] Gudrun Schwartz, "During Total War, We Girls Want to Be Where We Can Really Accomplished Something: What Women Do in Wartime", em *Crimes of War: Guilt and Denial in the Twentieth Century*, Nova York, The New Press, 2003, p. 130.

[14] John W. Dower, *Embracing Defeat: Japan in the Wake of World War II*, Nova York/Londres, W. W. Norton & Company, 1999, pp. 81-3.

BIBLIOGRAFIA SELECIONADA

Alexievitch, Svetlana, *La guerre n'a pas un visage de femme*. Paris: Editions 84, 2005.

Capdevila, Luc, Rouquet, Francois, Virgili, Fabrice, e Voldman, Daniele, *Sexes, genre et guerres: France, 1914-1945*. Edição revista, corrigida e atualizada. Paris: Payot & Rivages, 2010.

Goldstein, Joshua S., *War and Gender: How Gender Shapes the War System and Vice Versa*. Nova edição. Cambridge: Cambridge University Press, 2003.

List, Corinna von, *Résistantes*. Paris: Alma Editeur, 2012.

Morin-Rotureau, Evelyne, *1939-1945: Combats de femmes. Françaises et Allemandes, les oubliées de la guerre*. Paris: Editions Autrement, 2001.

Quetel, Claude, *Femmes dans la guerre, 1939-1945*. Paris: Caen, Larousse-Le Memorial de Caen, 2004.

O Exército italiano era ruim

HUBERT HEYRIÈS

"Quando o oficial italiano grita: 'À baioneta!', todo mundo ouve: 'À caminhonete!'",[1] dizia-se nas ruas de Marselha durante o último conflito mundial. Essa ironia mordaz expressava com palavras simples a ideia corrente de que "o Exército italiano era ruim", de que era composto por *Italiani, brava gente*, prontos a fugir do combate a qualquer oportunidade. De fato, durante a guerra – de 10 de junho de 1940, quando a Itália fascista, aliada da Alemanha nazista, entrou em guerra com a França, até 8 de setembro de 1943, quando se tornou público o armistício assinado com os Aliados no dia 3, após a prisão de Mussolini em 25 de julho e o fim do fascismo –, o Exército e os soldados italianos sofreram com frequência pilhérias e desprezo. No entanto, o exame crítico de uma realidade histórica agora mais bem conhecida dá uma imagem bem diferente do Exército italiano, mais sombria ou mais nobre.[2] Então, como explicar essa desvalorização?

UM FUNDO DE VERDADE

Esse estereótipo negativo baseava-se em um fundo de verdade, que parecia ser uma continuação dos desastres de Custoza contra a Áustria, durante as Guerras do *Risorgimento*, de 1848 e de 1866, de Adwa (em Tigré-Eritreia), em 1896, e de Caporetto, em 1917, como se o Exército italiano se mostrasse eternamente perdedor – até a vitória de Vittorio Veneto, de outubro de 1918, foi negada pelos Aliados. Ao longo da guerra, derrotas avassaladoras e fracassos desastrosos se sucederam. Nos Alpes, a ofensiva julgada fácil contra franceses já vencidos pelos alemães fracassou entre 20 e 24 de junho de 1940. O ataque à Grécia, em 28 de outubro de 1940, desencadeado essencialmente por uma busca de prestígio – Mussolini, à procura de vitória fácil, temia ficar isolado diante de um Hitler triunfante que invadira a Romênia sem falar com ele –, não teve sucesso para vencer um inimigo nitidamente menos numeroso e menos armado. Na Líbia, o 10º Exército italiano foi esmagado pelos britânicos em Beda Fomm, em 5 e 6 de fevereiro de 1941, "um raro exemplo de aniquilação moderna em campo aberto".[3] Em algumas horas, os italianos perderam 133 mil prisioneiros, além de 23 generais, 1.290 canhões, 400 tanques, milhares de veículos e centenas de aviões. Só se salvaram com a chegada do Afrikakorps, liderado por Erwin Rommel. Ao mesmo tempo, foram derrotados na Etiópia, em apenas alguns meses (entre janeiro e maio de 1941), pelas forças britânicas essencialmente indianas e africanas. Na URSS, o 8º Exército ou Armir (exército italiano na Rússia), baseado na Ucrânia, foi empurrado para o rio Don pela contraofensiva soviética lançada em dezembro de 1942, no contexto da Batalha de Stalingrado. Com 220 mil homens, ele perdeu, entre dezembro de 1942 e fevereiro de 1943, mais da metade de seu contingente – 85 mil mortos ou desaparecidos e perto de 30 mil feridos ou vítimas de queimaduras por congelamento. Em 8 de setembro de 1943, na Itália, por falta de ordens claras – as Forças Armadas deviam reagir somente a "eventuais ataques de outra proveniência qualquer" – e confrontadas no dia seguinte com a "fuga" do rei e do governo de Roma para os portos de Apúlia, as tropas sofreram uma derrota sem igual. Os alemães não perdoaram o que consideraram como uma traição. Fizeram então da Itália, até o sul de Roma, um verdadeiro campo fortificado. Criaram um regime fantoche – a República Social Italiana –, instalaram Mussolini no poder depois de tê-lo libertado e aprisionaram centenas de milhares de soldados italianos em todos os teatros de operações.

Por outro lado, os italianos projetavam uma imagem de si mesmos bem insignificante. Muitos adotaram atitudes de renúncia e de expectativa passiva, esperando voltar para casa o mais rápido possível.[4] A maioria deles se mostrava hermética à propaganda fascista de uma guerra regeneradora e imperialista a serviço de uma pátria em busca de reconhecimento e poder. Rommel fez avaliações muito duras, julgando que os italianos tinham um complexo de inferioridade em relação ao inimigo e que demonstravam uma capacidade combativa medíocre, "sempre prontos a jogar a toalha". Um oficial de artilharia inglês, Christopher Seton-Watson, lembrou-se de que, na multidão de prisioneiros italianos que ele via desfilar em 13 de maio de 1943, na Tunísia, alguns italianos riam, um deles fazia o V da vitória, outro, minutos antes, passara tocando bandolim.

As condições do soldado italiano na guerra também suscitaram desprezo, piedade e zombarias.[5] O abastecimento foi falho sempre e por toda parte. Na França, nas zonas ocupadas, os relatórios franceses o acusavam de ser o primeiro a propor trocas por comida ou dinheiro. Na África do Norte, soldados se sentiram humilhados por terem de pedir víveres aos alemães. A maioria passou sede, pois faltou água tanto no deserto – alguns motoristas beberam a água do reservatório de seus tanques – quanto nas montanhas albanesas; um oficial escreveu que havia até se barbeado com vinho! Em Epiro e na Albânia, durante o inverno de 1940-1941, alguns legaram uma imagem miserável em seu uniforme de verão e com os sapatos que deixavam entrar água e que perdiam as solas. Os *alpini* da divisão Tridentina substituíam seus coturnos por grandes pantufas albanesas envolvidas por uma capa de automóvel para poder "deslizar na lama", como diziam. Os coturnos constituíram, de fato, um problema nunca resolvido e os soldados vítimas de queimaduras de gelo foram numerosos tanto nos Alpes franco-italianos (2.150 casos) quanto na Albânia (12 mil casos) e, é claro, na URSS. Esses calçados com travas e as faixas de tornozelos que diminuíam a circulação sanguínea favoreciam o congelamento dos pés. O comando italiano na Rússia solicitou em vão as *valenki* russas – pesadas botas impermeáveis que os soldados russos usavam –, mas as medidas do Comando Supremo (Estado-Maior geral) não foram efetivas. Isso se revelou catastrófico no inverno seguinte, quando a retirada se deu na neve e no frio.

Mal equipados, malvestidos, mal alimentados, os italianos tinham, ainda por cima, um armamento medíocre. É verdade que os fuzis-metralhadoras Breda e os "*semovente*" – canhões autotransportados que associavam um chassis de tanque M13/40 e um obus de 75/18 – se mostraram muito eficazes em combate, mas seu número sempre foi reduzido. No conjunto, Rommel reconheceu em suas memórias: "Era de arrepiar quando se pensava com que armamento o Duce enviava suas tropas ao combate."[6] Eles usavam velhos fuzis Carcano-Mannlicher, modelo 1891, que paravam de funcionar quando a temperatura chegava a 20º negativos, pois o obturador ficava obstruído. Os canhões antitanque se mostraram impotentes diante dos tanques Grant, Sherman e T-34, bem superiores aos blindados italianos, que fizeram uma pálida participação: os L3, no começo da guerra, eram apelidados de "lata de sardinhas" pelos alemães e de "caixão" pelos italianos, tal o seu tamanho reduzido. Além disso, os tanques médios M13/40 e M14/41 se revelaram pouco rápidos, desprotegidos, com menos poder de fogo e sem rádio. Até os aviões foram para a África do Norte sem filtro antiareia!

Além disso, algumas divisões mecanizadas (*autotrasportate*), como a Torino, tinham pouquíssimos caminhões. Os soldados os apelidaram ironicamente de *autoscarpe* (literalmente "autocalçados").[7] Ora, as distâncias a percorrer eram consideráveis, tanto na África do Norte – 2 mil quilômetros separavam Trípoli de El-Alamein – quanto na URSS. Ali as divisões Pasubio e Torino fizeram centenas de quilômetros a pé em 1941-1942, à razão de dez horas por dia, durante semanas, para alcançar o *front*. Mas em nenhum momento os alemães concordaram em fornecer os caminhões de que os italianos precisavam. A retirada, não somente em El-Alamein, em novembro-dezembro de 1942, mas também no Don, em janeiro-fevereiro de 1943, foi um desastre, e dezenas de milhares de soldados foram capturados e/ou morreram de esgotamento. O ressentimento dos italianos em relação aos seus aliados alemães aumentou ainda mais.

Tampouco o comando se revelou à altura. No nível operacional, jamais houve comando integrado, pois o exército, a marinha e a aeronáutica combateram quase sempre individualmente. Em Roma, de 1940 a 1943, sucederam-se três chefes de Estado-Maior (Pietro Badoglio, Ugo Cavallero e Vittorio Ambrosio), quatro subsecretários de Estado da Guerra (Ubaldo Soddu, Alfredo Guzzoni, Antonio Scuero e Antonio Sorice) e cinco chefes de Estado-Maior do exército (Rodolfo Graziani, Mario Roatta, Vittorio Ambrosio, Ezio Rossi e de novo Mario Roatta). Como escreveu o general Giacomo Zanussi em suas memórias: "A valsa de nossos chefes só podia ter repercussões negativas".[8] Na

O EXÉRCITO ITALIANO ERA RUIM | 123

liderança maior, Benito Mussolini, o Duce, que concentrava todos os poderes políticos e militares – deixando ao rei apenas o título honorífico de chefe supremo dos exércitos –, nunca conseguiu se impor a Hitler. Primeiro, ele fracassou no que chamou de "guerra paralela" – na França, na Grécia e na África do Norte – e teve de se submeter à obrigação amarga de fazer uma "guerra subalterna" a partir de 1941, como força complementar do Exército alemão. Além disso, tomou decisões absurdas. Não somente se recusou a decretar a mobilização geral em 1940, pois pensava que o conflito já tinha terminando, mas também desengajou 600 mil homens em outubro-novembro de 1940, o que desorganizou profundamente as divisões, que precisaram ser reconstituídas às pressas para atacar a Grécia em 28 de outubro. Por fim, negligenciou o *front* vital da África do Norte para fazer campanhas nos Bálcãs e na URSS, cujo objetivo ideológico sobrepujou o interesse estratégico. Uma derrota na Líbia e na Tunísia expôs, de fato, a Sicília à invasão anglo-americana! Mas nada foi feito a esse respeito. Faltaram muitos homens, materiais, armamentos, munições e aviões aos ítalo-alemães na África do Norte, diante de um adversário definitivamente mais forte no final de 1942.

Para coroar tudo isso, o soldado italiano passou a imagem bem pouco militar do capitão Matamoros, personagem da *commedia dell'arte* tão popular na Europa, fanfarrão, covarde, bravateiro e sobretudo mulherengo.[9] Não faltam exemplos. Na França, o prefeito de Brignoles teve de pedir à brigada de polícia local, em fevereiro de 1943, para que "assustasse" as jovens dispostas demais a flertar com os soldados italianos. Os gregos logo apelidaram o Exército italiano de "exército *s'agapò*", que se poderia traduzir literalmente por "exército eu te amo", de tanto que os jovens soldados corriam atrás das mulheres. Na Tessália, um camponês lembrou que os soldados da divisão Pinerolo, uns "Don Giovanni" segundo ele, passavam uma hora ou duas no vilarejo para se divertir com as mulheres e depois iam embora. Alguns tinham noivas oficiais. Também na Líbia, Rommel censurou os italianos por tomarem liberdades de todo tipo com a população feminina árabe, o que poderia reforçar a hostilidade da população local.

Assim, o pressuposto se tornou tão negativo que os raros êxitos dos soldados italianos foram sistematicamente silenciados ou minimizados nos boletins militares alemães ou aliados em favor das unidades germânicas, como foi o caso da Tunísia, em fevereiro-maio de 1943.[10] Em tais condições, o soldado italiano acabou perdendo a confiança em si mesmo. Luciano Vigo, veterano da campanha da Rússia, lembra-se da recepção que os alemães lhes reservaram em 1941: "Como somos malvistos! Parece que nos desprezam, que nos consideram uma raça inferior, arianos [sic] impuros. Como soldados, provocamos riso na melhor das hipóteses."[11]

UMA REALIDADE MAIS SOMBRIA

Os italianos nem sempre foram, porém, essa "brava gente" que provocava o riso. A despeito de suas derrotas militares, o Exército italiano cumpriu missões de ocupação e de repressão em muitos territórios. Nos Bálcãs, em 1941, a Itália aproveitou a intervenção do Exército alemão para anexar os territórios de Liubliana, da Eslovênia meridional, assim como uma parte da Grécia, forçada por Berlim a assinar o armistício em 23 de abril de 1941, ao passo que as forças italianas não haviam conseguido vencer nem em outubro de 1940 nem em março de 1941. Na França, ainda que vencidos nos Alpes, puderam se instalar em alguns vilarejos na fronteira – graças ao armistício de Villa Incisa, de 24 de junho de 1940 – e em seguida invadiram grande parte do sudeste depois de novembro de 1942.

Essas vitórias julgadas imerecidas exasperaram as populações ocupadas. Os franceses se mostraram os mais amargos. Nunca perdoaram aos italianos a "facada nas costas" de 10 de junho de 1940. Eles ficaram ressentidos e humilhados com a chegada de tropas italianas de ocupação, embora não tivessem sido vencidos pela Itália. Em novembro de 1942, o capitão Brocchi, oficial italiano da inteligência militar (o SIM), em Nice, observou:

> A população francesa nos recebeu muda, visivelmente. Por um sentimento pior do que o ódio: o desprezo. [...] Os franceses [...] repetiam que o único Exército francês que não fora vencido era o dos Alpes, que os italianos não teriam permanecido na França senão uns meses, que os *bersaglieri* que chegaram com a pluma no chapéu teriam partido com a pluma no traseiro.[12]

Esse desejo de vingança não desapareceu. Na Tunísia, no momento da vitória, em maio de 1943, um general francês agrediu verbalmente o general italiano Giovanni Mancinelli, encarregado de negociar a rendição do 1º Exército ítalo-alemão, lembrando-lhe que, em 1940, "a Itália atirou no traseiro da França, mas agora é ela que terá o grande prazer de atirar no traseiro [dos italianos]".[13]

Nos territórios ocupados, o soldado italiano também se mostrou insensível, como o alemão, embora com menos recursos e resultados. Na França, enquanto os soldados que comungavam das ideias fascistas se compraziam em humilhar a população, as relações foram frequentemente tensas.[14] Por exemplo, no dia 3 de março de 1943, uma dezena de *alpini* linchou dez jovens de Sault-Brénaz, no departamento do Ain, por terem sido descorteses com um comerciante italiano. As tropas italianas vasculhavam os maquis e as casas de resistentes ao Serviço do Trabalho Obrigatório, principalmente na Alta Savoia e na Córsega. Os tribunais militares do 4º Exército do continente e do 7º Corpo de Exército na Córsega condenaram inúmeros resistentes ou soldados das Forças Francesas Livres (FFL), que foram presos e torturados pela Organizzazionedi Vigilanza e Repressione dell'Antifascismo (Ovra) e por carabineiros, na Villa Lynwood, em Nice, na caserna Marbeuf, em Bastia, ou na caserna Battesti, em Ajaccio, tristemente célebres.

Todavia, isso não se comparou ao que aconteceu em outros lugares.[15] Na Ucrânia, mesmo que a repressão tenha se revelado menos dura do que nos outros setores da URSS controlados pelos alemães, unidades italianas também vasculharam áreas, destruíram vilarejos, deportaram a população, fuzilaram civis. Nos Bálcãs, principalmente na Eslovênia e na Dalmácia, a repressão foi feroz com o general Mario Roatta, nomeado para o comando do 2º Exército de janeiro de 1942 a fevereiro de 1943. Em 1º de março de 1942, para "inculcar nos soldados uma mentalidade fascista de conquistadores" e transformar o "bom italiano" num guerreiro fascista, ele assinou a circular nº 3, que serviu de manual antiguerrilha, pregando a execução de reféns nos locais sabotados, o incêndio dos vilarejos dos *partisans* ou a deportação da população. Segundo as regras, o tratamento reservado aos rebeldes não devia "se resumir à fórmula *dente por dente*, mas *cabeça por dente*". O general Mario Robotti, por sua vez, comandante do 11º Corpo de Exército na Eslovênia, lamentou: "Mata-se muito pouco". Uma política semelhante a uma limpeza étnica foi então feita com o auxílio de cerca de 60 campos na Itália e de uma dezena de outros na Dalmácia, por onde transitaram em condições terríveis mais de 100 mil eslavos. Na ilha de Rab, por exemplo, entre 10% e 20% dos prisioneiros morreram de fome, frio, doenças e esgotamento entre 1942 e 1943.

Na Grécia,[16] os generais Cesare Benelli, comandante da divisão *Pinerolo*, e Carlo Geloso, comandante das forças italianas de ocupação, também aplicaram a tática da contraguerrilha de Roatta, no início de 1943, especialmente na Tessália, onde foram praticados massacres em Domokos, Pharsale, Oxinia e Domenikon. Nesta última localidade, em 16 de fevereiro de 1943, para vingar seus companheiros mortos por resistentes, soldados da *Pinerolo* tiraram todos os habitantes do vilarejo, bombardearam-no e executaram 150 homens, cujos corpos foram jogados numa vala comum. Em Larissa, mais de mil prisioneiros gregos de um campo de concentração foram fuzilados, outros foram torturados. Dezenas de milhares de civis morreram de fome e de doenças em consequência das requisições impostas pelas tropas de ocupação italianas e alemãs. Em 1946, o ministério grego da Previdência Social, ao recensear os dados de guerra, calculou que 400 vilarejos haviam sido destruídos total ou parcialmente por unidades alemãs e italianas.

Na África – Líbia, Tunísia ou Etiópia –, o exército italiano também cometeu crimes de guerra. Já nos anos 1920, o general Graziani se tornara famoso "pacificando" a Líbia – sobretudo a Cirenaica – ao preço, sem dúvida, de 100 mil deportados e 50 mil vítimas. Porém, durante a guerra, as forças italianas executaram, na África do Norte, milhares de árabes e de berberes, cuja revolta, encorajada pela chegada dos britânicos, elas temiam. Tropas regulares pilharam seus bens e fizeram prisões maciças, abusando da lei militar. Em fevereiro de 1942, o general Piatti racionalizou a repressão, mandando destruir os campos de nômades, matar os rebanhos e deportar a população submetida à fome. O campo de prisioneiros de Giado, aberto em fevereiro de 1942 a centenas de quilômetros ao sul de Trípoli, no deserto, recebeu 3 mil prisioneiros; destes, 600 morreram em consequência das condições de confinamento, de desnutrição, de esgotamento físico por trabalho forçado e de doenças.

A justificativa militar para tais atos mal escondia um racismo bem arraigado. Prova disso era a atitude de discriminação reservada a prisioneiros britânicos indianos, maoris, judeus palestinos, confinados em campos particulares, como o de Zliten, violando a convenção de

Genebra de 1929. Também houve casos de assassinatos e de tortura. Por exemplo, em 28 de maio de 1942, perto de Bir Hakeim, em um campo de trânsito, um soldado italiano matou cinco prisioneiros indianos apenas porque não eram brancos.[17] Militares italianos também se revelavam antissemitas, como os generais Vittorio Ambrosio, Renzo Dalmasso e Renato Coturri, apoiados pelas leis fascistas raciais de 1938. Na França, em certos casos, a proteção dos judeus se devia mais à corrupção de soldados ou ao pragmatismo político-militar com o objetivo de marcar autonomia em relação aos alemães[18] do que ao humanismo. Na Líbia, centenas de judeus foram presos e deportados para campos militares de confinamento instalados no deserto. E, na Ucrânia, "ao menos em um caso, um grupo de judeus foi entregue a um *Sonderkommando* [unidade alemã encarregada da Solução Final] para ser eliminado".[19] Ainda que o papel das tropas italianas na guerra nazista de terror e de extermínio tenha sido menor, ele foi real.

Essa imagem mais sombria do soldado italiano não deve ocultar, todavia, a do combatente que deu provas de coragem e de senso do sacrifício.

O SENSO DA HONRA E DO SACRIFÍCIO

Na escala do terror, "as tropas italianas foram certamente menos ferozes"[20] do que as tropas alemãs e do que o movimento croata Ustasha. Não se trata absolutamente de minimizar os crimes de guerra cometidos pelo Exército italiano. Mas, de fato, as ordens mais duras de Mario Roatta excluíram as mulheres e as crianças das represálias e proibiram os massacres de massa. Os crimes de guerra foram de fato isolados e circunstanciais, e a contraguerilha foi em seu conjunto um fracasso.

Em muitos casos, venceu o senso da honra.[21] Conscientes de serem os herdeiros de uma civilização humanista, os militares italianos se sentiram culturalmente distantes dos métodos brutais alemães e se recusaram a se associar ao extermínio dos judeus, mantendo-se apegados a princípios humanitários. Os *alpini*, sobretudo, não combateram por Mussolini ou pelo fascismo, mas por obediência, confiança em seus oficiais, respeito à sua dignidade e "para salvar a pele" sem trair seus companheiros. Elemento característico dessa necessidade de exemplaridade, a justiça militar italiana instruiu, entre 1940 e 1943, 112.768 processos, que levaram a 85.015 condenações; destas, 41.684 se referiam só às forças armadas não nativas. No total, uma centena de penas de morte foi proferida contra militares, e ao menos a metade foi executada. Nem todos os crimes italianos ficaram impunes. Por exemplo, a destruição de um vilarejo tunisiano, em 14 de fevereiro de 1943, e o assassinato de oito civis por soldados da 161ª Seção dos Padeiros foram investigados rigorosamente pelos carabineiros. A investigação levou a 5 condenações à morte e a 12 penas de reclusão.[22]

Em batalha, o senso de honra também foi acompanhado de coragem manifesta. Na África do Norte, divisões italianas desempenharam, por vezes, um papel decisivo que possibilitou que Rommel mantivesse o controle no campo de batalha. Em Birel-Gobi, no dia 19 de novembro de 1941, enquanto os britânicos lançavam uma vasta ofensiva para expulsar os ítalo-alemães de Cirenaica, a divisão blindada italiana Ariete segurou o ataque britânico da 12ª Brigada Blindada, permitindo a Rommel o deslocamento do 30º Corpo britânico entre 20 e 23 de novembro. A Ariete deixou no campo de batalha 40% de seus tanques, mas seus blindados, embora inferiores em qualidade, conseguiram fazer os tanques britânicos recuarem. Mais tarde, os corpos de Exército italianos, de infantaria e de blindados foram derrotados nos combates de retaguarda em El-Alamein, em novembro de1942, na ofensiva do 8º Exército Britânico. Mas os italianos não ficaram para trás: dos 30 mil prisioneiros feitos pelos Aliados, 19.726 eram italianos e mais de 10 mil, alemães! Do mesmo modo, durante a retirada do Don, de 19 a 31 de janeiro de 1943, as divisões alpinas Julia, Cunenese e Tridentina se sacrificaram para permitir que os ítalo-alemães evacuassem e preferiram travar combates de retaguarda fatais, mesmo sendo constantemente assediados pelos *partisans*, a se renderem. Ao preço de perdas consideráveis, elas percorreram 350 km a pé, na neve e no frio, com temperaturas de 30º ou 40º graus negativos, até mesmo 50º, sem caminhões, sem víveres, sem canhões antitanque, sem cobertura aérea, sem rádio. No dia 30 de janeiro de 1943, o capitão da Tridentina, Giovanni Battista Stucchi, descreveu os pobres sobreviventes:

> Eu via passar diante de mim uma interminável caravana de espectros, de fantasmas, de figuras que não tinham mais quase nada de humano. Avançavam trôpegos, arrastando os pés na neve [...] em silêncio. [...] O aspecto desses rostos encovados, desencarnados e o olhar que se lia nesses olhos avermelhados e alucinados davam a impressão de se assistir a um desfile de criaturas que, submetidas a um martírio prolongado, tinham perdido a luz da razão. [...] Cobertos de trapos ou de roupas rasgadas, [eles tinham] frequentemente os pés envolvidos por várias camadas de panos ou restos de capote ou de peliça.[23]

Mas eram livres! Essa retirada dos *alpini* se tornou lendária. Um sobrevivente da Julia, subtenente médico Giulio Bedeschi, transpôs essa história para o romance *Centomila gavette di ghiaccio* [Cem mil gamelas de gelo],[24] publicado no início dos anos 1960 e que se tornou um *best-seller* mundial, traduzido para várias línguas; vendeu até agora mais de quatro milhões de exemplares no mundo. Esses soldados passaram a ser os heróis-mártires da guerra e sua coragem atingiu o sublime. Outras unidades além dos *alpini*, no movimento da retirada, honraram a bandeira. O 6º Bersaglieri, uma das raras unidades a conservar sua artilharia e a contar com caminhões para transportar víveres, munições, combustível e feridos, cobriu-se de glória, sobretudo ao defender a cidade de Pavlograd, em 17 de fevereiro de 1943, para permitir a retirada dos alemães e dos restos do Armir do Dnieper. O general Gerhard Steinbauer, que comandava a cabeça de ponte de Dnipropetrovsk, saudou assim o coronel do regimento Mario Carloni: "O Exército alemão, e eu em particular, lhe somos profundamente agradecidos. [...] Seu nome e o de seu regimento são agora célebres no Exército alemão que os estima e aprecia enormemente."[25]

Na Tunísia, as forças italianas mostraram que sabiam combater. Pela primeira vez desde o início da guerra, três a quatro divisões alemãs foram colocadas sob o comando operacional de um general italiano, Giovanni Messe, junto com seis divisões italianas. Esse 1º Exército, formado em fevereiro de 1943 com os restos das tropas de Rommel que haviam evacuado a Tripolitana, distinguiu-se contendo os britânicos, primeiro em Mareth El-Hamma, de 17 a 25 de março de 1943, e depois em Enfidaville, de 20 a 23 de abril, retirando-se sempre em ordem e disciplina. Sem cobertura aérea, unidades italianas lutaram até o último homem e até o último cartucho, "com um valor surpreendente e um magnífico elã, superando os alemães em bravura",[26] como escreveu o general Messe em suas memórias, não sem expressar um forte sentimento patriótico. Essas unidades foram as últimas, aliás, a se renderem, em 13 de maio de 1943, após o 5º Exército alemão vencido no norte da Tunísia. Dois dias mais tarde, o *Times* reconheceu que "muitas unidades italianas [tinham] merecido o respeito das tropas britânicas devido ao espírito combativo demonstrado na última fase da campanha africana".[27] O general Messe obteve, então, o marechalato e o respeito dos alemães e dos Aliados.

Na derrota de setembro de 1943, atos isolados de coragem salvaram ainda a honra do Exército italiano.[28] Na ilha de Cefalônia, no mar Jônico, a divisão Acqui preferiu lutar a capitular diante dos alemães. O preço foi alto. De 11.500 militares, apenas 3.500 voltaram para a Itália após a guerra. E o que dizer da "resistência sem armas" dos 650 mil militares italianos que, prisioneiros dos alemães ao longo desse mês funesto, preferiram em sua esmagadora maioria ser deportados para campos na Alemanha ou para regiões limítrofes a voltar para a República Social Italiana, como fizeram 10 a 15 deles e 30% dos oficiais? Viveram assim em condições de cativeiro particularmente sofridas. Quarenta mil morreram de fome, doenças e esgotamento físico por trabalho forçado. Mas esses sofrimentos escreveram, sem dúvida, "uma das mais belas páginas da história das Forças Armadas italianas mais [marcada pela] fidelidade do que [pela] traição".[29]

Na Libertação, os crimes de guerra italianos não foram julgados, e os atos de bravura dos soldados foram esquecidos. Em um contexto de Guerra Fria inicial, a Itália era um país vencido, mas ainda assim em plena reconstrução democrática e republicana, escolhendo o lado americano. Era melhor esquecer ou mascarar o que se passara nos Bálcãs ou na URSS. Foi então cômodo sistematizar a ideia de que o Exército italiano fora ruim e composto de soldados incapazes de se comportar como carrascos. O julgamento deve ser nuançado. Instrumentos de uma força de ocupação, de repressão e de perseguição, os soldados nem sempre se comportaram como "brava gente". E, em operação, a coragem dos italianos se mostrou, muitas vezes e em muitos aspectos, surpreendente e comparável à dos outros combatentes, com recursos nitidamente inferiores. Rommel, sempre tão crítico, precisou reconhecer:

O soldado italiano era cheio de boa vontade, generoso, bom companheiro e, considerando as condições em que se encontrava, teve um rendimento superior à média. [...] Muitos generais e oficiais suscitaram nossa admiração do ponto de vista humano e do ponto de vista militar.[30]

No fundo, o Exército italiano não era tão ruim. Com frequência fez o que pôde com o que dispunha.

NOTAS

[1] Testemunho de Georges Heyries, bisneto de piemontês, quando era criança em Marselha durante a Segunda Guerra Mundial.

[2] Ver, entre outros, o Archivio dell'Ufficio storico dello Stato maggiore dell'Esercito: series N 1-11 (*Diari storici*), M 3, L 15, D 7 e H 8 (*crimini di guerra*), l'Archivio centrale dello Stato (*Direzione generale servizi di guerra 1941-1945* e *Direzione generale Pubblica Sicurezza 1940-1943*) e Archivio Storico diplomático Del ministero degli Affari Esteri (*Gabinetto armistizio-pace Francia, Grecia, Serbia, Croazia, Montenegro*), assim como as obras citadas na bibliografia selecionada.

[3] Lucio Ceva, *Le forzearmate*, Turim, UTET, 1981, p. 295.

[4] Enrico Serra, *Tempiduri. Guerra e Resistenza*, Bolonha, Il Mulino, 1996, p. 181 e 182; Erwin Rommel, *Guerra senzaodio*, Milão, Garzanti, 1952, p. 195; Christopher Seton-Watson, *Da El-Alamein a Bologna. La guerra italiana di uno storico inuniforme*, Milão, Corbaccio, 1994 (1993), p. 68.

[5] Jean-Louis Panicacci, *L'Occupation italienne. Sud-est de la France, juin 1940-septembre 1945*, Rennes, Presses Universitaires de Rennes, 2010, p. 140; Francesco Casati, *Soldati, generali e gerarchinella. Campagna di Grecia. Aspetti e tematichedi una guerra vista da prospettive differenti*, Roma, Prospettiveed, 2008, pp. 90-1; Giorgio Rochat, *Le guerreitaliane 1935-1943. Dall'impero d'Etiopia Allá disfatta.* Turim, Einaudi, 2005, p. 384.

[6] Erwin Rommel, *Guerra senzaodio, op. cit.*, p. 37.

[7] Luciano Vigo, *Non prenderefreddo. Corpo dispedizione italianoin Russia (CSIR) 1941-1942. Raccontodi un reduce*, Pádua, Gianni Iuculano Editore, 2000, p. 38.

[8] Giacomo Zanussi, *Guerra e catastrofe d'Italia. Giugno 1940. Giugno 1943*, Roma, Libraria Corso, 1946 (1945), p. 111.

[9] Jean-Louis Panicacci, *L'Occupation italienne, op. cit.*, p. 145; Giorgio Rochat, *Le guerre italiane, op. cit.*, p. 374; documentário: *La guerra sporcadi Mussolini*, realizado por Giovanni Donfrancesco e produzido por GA & A Productions de Rome e pela televisão grega Ert, difundido no *History Channel*, em 14 de março de 2008; Erwin Rommel, *Guerra senzaodio, op. cit.*, p. 45.

[10] Giovanni Messe, *Come fini la guerra in Africa. La "Prima armata" italiana in Tunisia*, Milão, Rizzoli, 1946, pp. 130-3.

[11] Luciano Vigo, *Non prendere freddo, op. cit.*, p. 28.

[12] *Apud* Jean-Louis Panicacci, *L'Occupation italienne, op. cit.*, pp. 138-9.

[13] Giovanni Messe, *Come fini la guerra in Africa, op. cit.*, p. 233.

[14] Jean-Louis Panicacci, *L'Occupation italienne, op. cit.*, p. 141, 182-93, 212-7 e 225-8.

[15] Thomas Schlemmer, *Invasori, non vittime. La campagna italiana di Russia, 1941-1943*, Roma, Laterza, 2009, 344 p.; Costantino Di Sante, *Italiani senza onore. I crimini in Jugoslavia e i processi negati (1941-1951)*, Verona, Ombre Corte,2005, 270 p.; Tone Ferenc, "*Si ammazza troppo poco.*" *Condannati a morte, ostaggi, passati per learminella província di Lubiana 1941-1943, Documenti*, Liubliana, Institut d'Histoire Moderne, 1999, 324 p.

[16] Davide Rodogno, *Il nuovo ordine mediterraneo. Le politiche di occupazione dell'Italia fascista in Europa (1940-1943)*, Turim, Bollati Boringhieri, 2003, pp. 286-97 e 389-92; documentário *La guerra sporcadi Mussolini*, citado nota 9.

[17] Patrick Bernhard, "Behind the Battle Lines: Italian Atrocities and the Persecution of Arabs, Berbers, and Jews in North Africa during World War II", *Holocaust and Genocice Studies*, 26, n. 3, inverno 2012, p. 436.

[18] Davide Rodogno, "La politique des occupants italiens a l'égard des Juifs de la France métropolitaine: humanisme ou pragmatisme ?", *Vingtiemesiecle. Revue d'histoire*, n. 93, 2007/1, pp. 63-77.

[19] Giorgio Rochat, *Le guerre italiane, op. cit.*, p. 387 e 388.

[20] *Ibid.*, p. 370 e 372.

[21] Davide Rodogno, *Il nuovo ordine mediterraneo, op. cit.*, p. 476-82; Giorgio Rochat, *Le guerre italiane, op. cit.*, p. 274.

[22] Giorgio Rochat, *Duecento sentenze nel bene e nel male. Itribunali militari nella guerra 1940-1943*, Údine, Gaspari, p. 25, 41, 152 e 153.

[23] Giovanni Battista Stucchi, *Tornim a baita. Dalla campagna di Russia Allá Repubblica dell'Ossola*, Milão, Vangelista, 2011 (1983), p. 130.

[24] Milão, Mursia, 1963, 432 p.

[25] Mario Carloni, *La campagna di Russia. Gli eroici combatti mentisostenuti dal 6° bersaglieri durante laritirata dell'inverno1942/43*, Genes, Effepi, 2010, p. 134.

[26] Giovanni Messe, *Come fini la guerra in Africa, op. cit.*, pp. 130-3.

[27] *Ibid.*, p. 225.

[28] Giorgio Rochat, Marcello Venturi, *La divisione Acqui a Cefalonia*, Milão, Ugo Mursia Editore, 1993, pp. 12-7.

[29] Giorgio Rochat, *Le guerre italiane, op. cit.*, p. 451.

[30] Erwin Rommel, *Guerra senza odio, op. cit.*, p. 193 e 194.

BIBLIOGRAFIA SELECIONADA

Messe, Giovanni, *Come fini la guerra in Africa. La "Prima armata" italiana in Tunisia*. Milão: Rizzoli, 1946.

Panicacci, Jean-Louis, *L'Occupation italienne. Sud-est de la France, juin 1940-septembre 1945*. Rennes: Presses universitaires de Rennes, 2010.

Rochat, Giorgo, *Le guerre italiane 1935-1943. Dall'impero d'Etiopia alla disfatta*. Turim: Einaudi, 2005.

Rodogno, Davide, *Il nuovo ordine mediterraneo. Le politiche di occupazionedell'Italiafascista in Europa (1940-1943)*. Turim: Bollati Boringhieri, 2003.

Stucchi, Giovanni Battista, *Tornim a baita. Dalla campagna di Russia alla Repubblica dell'Ossola*. Milão: Vangelista, 2011 (1983).

Os bombardeios aéreos venceram a Alemanha

PATRICK FACON

Os bombardeios efetuados sobre a Alemanha nazista e sobre os territórios da Europa ocupada ao longo da Segunda Guerra Mundial se fundamentam em uma opinião comumente difundida por numerosos líderes políticos e militares daquela época de que uma campanha aérea estratégica intensiva e contínua poderia quebrar o espírito de resistência de uma nação. Essa convicção está fundada em teorias largamente desenvolvidas pelos profetas da novidade tecnológica e de combate que a aviação militar representou no início do século XX. Seus defensores, rompendo pura e simplesmente com os canhões militares a seu ver ultrapassados, relegam o conceito de batalha terrestre ou naval decisiva ao esquecimento da História e conferem ao armamento aéreo todas as virtudes. Eles o consideram uma ferramenta decisiva, capaz de destruir, de maneira permanente e profunda, as bases de uma sociedade inimiga e levá-la ao arrependimento.

A batalha travada nos céus do III Reich de 1940 a 1945 se insere em tal panorama. Assim, tanto ao longo das hostilidades quanto nas décadas seguintes, ela suscita grandes polêmicas e controvérsias. Os defensores do armamento aéreo, estabelecendo de alguma maneira os fundamentos de um mito, o consideram como a ferramenta de guerra que permitiu vencer a Alemanha nazista. Seus adversários, muito pelo contrário, levando em conta os recursos que ela recebeu e os resultados, a seu ver, muito medíocres, não subscrevem em nada essa tese. Essas abordagens antinômicas apresentam a particularidade de serem ambas simplistas. A realidade da ofensiva aérea sobre o território do Reich é muito mais complexa e nuançada do que essas opiniões tão extremas e antagonistas poderiam levar a crer. Hoje ainda, analistas estratégicos e historiadores continuam se interrogando e se opondo sobre essa questão.

SOBRE A DOUTRINA
DE GUERRA DOUHETIANA

Todos aqueles que, levados por um tipo de empolgação doutrinária e técnica, defendem a tese da vitória pelo poder aéreo, ficaram chocados com a incapacidade dos exércitos tradicionais em ultrapassar as linhas de frente contínuas e potentes que surgiram ao longo do primeiro conflito mundial. O massacre de dez milhões de combatentes nas gigantescas e vãs batalhas de atrito que caracterizam a guerra das trincheiras apenas confirma a ideia de que o avião, que pode supostamente driblar obstáculos de todo tipo, é de fato a arma decisiva capaz de atingir as nações em pleno coração e, por fim, vencê-las sem ocupar seu território.

Certamente, os resultados obtidos durante a guerra de 1914-1918 podem ter sido decepcionantes. Os ataques efetuados pela aviação alemã sobre Londres e algumas outras cidades da Inglaterra se revelaram, ao final, muito frustrantes. Não foi diferente com os ataques lançados pelos bombardeiros aliados sobre as cidades germânicas. Aos olhos dos promotores dessa estratégia, tratou-se apenas de fazer com que a população, que se imaginava protegida atrás do canal da Mancha ou do Reno, sentisse o peso da guerra. Mas os partidários da potência aérea buscavam, além disso, obter resultados mais decisivos, recrutando formações muito mais extensas e destrutivas caso um outro conflito viesse a acontecer.

Ao longo das décadas de 1920-1930, as ideias ligadas à guerra aérea estratégica conhecem uma tendência, no mínimo, singular. Elas estão reunidas em uma teoria, mais ou menos coerente, elaborada pelo general italiano Giulio Douhet, que vê no bombardeio pesado o instrumento capaz de produzir efeitos devastadores e determinantes sobre os sistemas de produção e sobre o moral dos civis. Por relegar as forças terrestres e navais a missões defensivas e fazer do armamento aéreo a ferramenta ofensiva por excelência, a abordagem de Douhet é considerada não somente uma heresia pelos adversários do profeta do outro lado dos Alpes, mas acarreta também conflitos maiores com os exércitos tradicionais.

Primeiramente, Douhet atribui à aviação de bombardeio estratégico um caráter dissuasivo, estimando que ela constitui um fator de impedimento dos conflitos que reduziria a nada qualquer tentativa de agressão por parte de qualquer adversário, sob pena de terríveis represálias. Ele a considera, sobretudo, uma arma decisiva na medida em que confere a um agressor a capacidade de atacar primeiro e de provocar um choque psicológico tão profundo na população urbana inimiga, empregando armas químicas se necessário, que nenhuma outra solução a não ser uma rendição faria sentido. Recorrer a esse método permitiria matar na raiz uma guerra de atrito, que causaria, sem dúvida alguma, milhões de mortos e feridos, como aquela de 1914-1918. A tradição do Direito da Guerra nunca excluiu a possibilidade de matar ou ferir não combatentes. Os princípios que regulamentam a proteção das populações em caso de conflito aceitam muito bem a eventualidade de atingi-las sem intenção de fazê-lo. Os Aliados justificarão dessa maneira os métodos usados contra as cidades da Alemanha ou do Japão durante a Segunda Guerra Mundial.

AS ESCOLAS DE PENSAMENTO
BRITÂNICO E NORTE-AMERICANO

A doutrina de Douhet é uma fonte de inspiração especialmente interessante para os aviadores anglo-saxões, porque a cultura estratégica de seus países respectivos se baseia na capacidade de suas forças armadas de assegurar a proteção de suas fronteiras, a maior ou menor distância, mas também de projetar essas forças armadas o mais longe possível com o propósito de atacar o inimigo em seu próprio território. Até o advento da potência aérea, essa tarefa é tradicionalmente atribuída às forças navais. No entanto, os comandantes aéreos norte-americanos e britânicos, muito convictos, passam a considerar necessário, até indispensável, assegurar missões desse tipo. É o caso do general britânico Trenchard ou do general norte-americano Mitchell, ambos comandantes do alto escalão da hierarquia aérea durante a Grande Guerra.

A escola britânica do bombardeio estratégico tentou lançar as bases de uso dessa prática operacional desde a Primeira

Guerra Mundial, dotando-se de um corpo aéreo autônomo, a Independent Air Force. Seu comandante, o general Trenchard, manifesta sua firme intenção, na eventualidade de um conflito com um inimigo que só pode ser a Alemanha, de bombardear os centros urbanos que abrigam objetivos militares, inclusive fábricas nas quais operários trabalhem para a defesa nacional. Seu memorando, com data de maio de 1928, diz claramente que é muito mais fácil quebrar o moral dos civis do que o de um exército em campanha. Por sua vez, o general Sykes, que dirigiu a Royal Air Force nos últimos meses da Grande Guerra, afirma: "O atual desenvolvimento da força aérea nos garante que a potência militar será empregada em ataques diretos contra o moral dos sujeitos não combatentes de uma nação inimiga." Desde antes do conflito, muito claramente, a doutrina britânica do bombardeio estratégico volta-se ao ataque contra o moral do inimigo.

Nos Estados Unidos, Mitchell se mostra mais comedido, mas o coronel William Sherman, professor da Air Corps Tactical School na segunda metade dos anos 1920, não esconde que "nenhum traço da guerra futura promete consequências tão terríveis quanto as de ataques-surpresa [...] lançados por avião contra populações de civis desavisados". Foi nesse verdadeiro cadinho da doutrina aérea norte-americana que se forjou o método usado contra os inimigos dos Estados Unidos por ocasião de uma guerra.

Todavia, os aviadores dos Estados Unidos se interessam muito mais pela ruptura do que chamam de *"industrial fabric"*, o tecido industrial, do que pelo ataque às populações, julgado imoral. Os oficiais superiores que, ao longo dos anos 1930, planejaram essas campanhas – Spaatz, Eaker, LeMay, Hansell e Doolittle – comandarão as falanges aéreas norte-americanas no combate de 1941 a 1945. Eles consideram atacar os centros de gravidade econômicos e industriais, achando indispensável atingir as indústrias de base, alvos essenciais ao esforço de guerra, tais como os recursos petrolíferos, as matérias-primas, ou ainda o sistema de transporte. Procedendo dessa maneira, estão convencidos de desencadear uma reação em cadeia na máquina de guerra inimiga. O esgotamento do abastecimento de combustível levaria à paralisia, ao mesmo tempo, das Forças Armadas e da economia de qualquer adversário. A destruição dos centros de produção muito especializados, tais como aqueles dos rolamentos de esferas, concentrados em uma única cidade do sul da Alemanha, Schweinfurt, traria consequências equivalentes.

Desde a segunda metade da década de 1930, como o conflito parece inevitável, aviadores britânicos e norte-americanos se empenham em reunir informações relativas aos pontos fracos de seus futuros adversários, criando dossiês de centenas de alvos localizados no território do Reich. Concomitantemente, eles desenvolvem aparelhos capazes de cumprir missões de caráter estratégico, os quadrimotores pesados de bombardeio de longo alcance: Lancaster, Halifax ou ainda Stirling na Grã-Bretanha; B-17 Flying Fortress e B-24 Liberator nos Estados Unidos, sem falar do B-29 Superfortress, destinado a uma outra tarefa com prazo muito mais distante, o ataque ao Japão.

A GUERRA CONTRA O OPERÁRIO ALEMÃO

Para Winston Churchill, uma ofensiva aérea estratégica sobre a Alemanha e a Europa ocupada se faz necessária desde o final da Batalha da Inglaterra. Estando seu exército e marinha incapacitados de agir, o primeiro-ministro britânico decide recorrer ao Bomber Command da Royal Air Force, desejando mostrar o peso da guerra à população inimiga atrás da zona de proteção conquistada pela Wehrmacht na Europa ocidental. As pequenas formações que partem para a Europa à noite, a partir da primavera de 1941, visam essencialmente às indústrias do petróleo e da aeronáutica. Contudo, esses ataques, chamados de precisão, enfrentam imensas dificuldades de ordem técnica que obrigam os aviadores britânicos a revisar profundamente seus métodos. No início de 1942, eles decidem recorrer a bombardeios de área (*Area Bombing*), voltados para a destruição sistemática das aglomerações alemãs, pensando que, destruindo-as com camadas de bombas explosivas e incendiárias, poderão atingir um duplo objetivo: acabar com os centros de produção ali espalhados e não sofrer ataques diretos, além de infligir um golpe fatal no moral da população.

Feitos sob orientação de lorde Cherwell, conselheiro científico de Churchill, estudos aprofundados revelaram efetivamente que o elo mais vulnerável do sistema de produção não diz respeito nem aos recursos em matérias-primas, nem às usinas de processamento e montadoras, mas ao operário que ali trabalha. Então, no contexto de uma guerra que se torna cada vez mais total, a doutrina britânica do bombardeio visa derrubar o moral dos civis. A diretriz de 14 de fevereiro de 1942, concebida pelo Estado-Maior da Royal Air Force e acatada pelas mais altas autoridades políticas e científicas do país, é de uma lógica implacável. Ela faz do enfraquecimento moral da população operária o objetivo central da ofensiva aérea estratégica e pressupõe que uma ofensiva realizada durante 18 meses sobre 58 das maiores cidades do país, onde vivem em torno de 22 milhões de pessoas, permitirá acabar com o espírito combativo do povo alemão. No final de 1942, o general Portal, chefe do Estado-Maior da Royal Air Force, não pôde ser mais explícito sobre esse assunto: planejando uma imensa campanha de bombardeio para os anos de 1943-1944, ele ordenou ao Bomber Command desalojar 25 milhões de alemães, matar 900 mil e ferir ao menos 1 milhão. De modo que os historiadores britânicos mais sérios não hesitam em concluir que o Bomber Command travou "uma guerra contra o operário alemão".[1]

A condução dessa ofensiva é de responsabilidade do general Harris, nomeado para o comando do Bomber Command em fevereiro de 1942. Demonstrando um zelo e uma obstinação raros, convencido de poder ganhar a guerra recorrendo apenas à potência aérea, ele se dedica a desenvolver as capacidades de seu grande comando de maneira a lhe permitir empreender ataques maciços, tais como o de 30 de maio de 1942 quando, pela primeira vez, mais de mil bombardeiros são lançados sobre uma cidade, nesse caso, Colônia.

A concepção da aviação estratégica norte-americana constitui a antítese daquela aplicada pelos britânicos. Os primeiros integrantes da 8ª Air Force chegam à Grã-Bretanha ao longo das primeiras semanas de 1942, apoiados em uma metodologia operacional que suscita dúvidas profundas na Royal Air Force. Aos ataques noturnos, os aviadores americanos preferem os diurnos em alta altitude, que dão primazia à precisão dos bombardeios. Seu comandante, o general Eaker, da mesma maneira que Douhet, sempre acreditou na capacidade do bombardeiro pesado, verdadeiro cruzador do céu, em vencer as defesas inimigas. Ele está convencido de que os quadrimotores, organizados como potentes falanges protegidas por centenas de metralhadoras embarcadas, atingirão seus objetivos. Essa abordagem é definitivamente validada pela diretriz AWPD-42, redigida pelo general Hansell, pai dessa doutrina. Embora a questão da necessidade de um caça de acompanhamento seja levantada

144 | OS MITOS DA SEGUNDA GUERRA MUNDIAL

por alguns oficiais de alto escalão, a crença comum se baseia em um princípio: os aviões de bombardeio recrutados para tais operações não terão nenhuma necessidade de escolta face aos interceptadores inimigos.

A OFENSIVA AÉREA COMBINADA

É 1942 o ano dos primeiros passos da ofensiva aérea sobre a Alemanha. O Bomber Command começa a atacar com muito mais intensidade as cidades do Reich, e a 8ª Air Force limita, no momento, seus ataques à Europa ocupada. Ela só começa a se aproximar do território alemão propriamente dito em janeiro de 1943, quando se produz uma virada decisiva na estratégia anglo-saxã. Durante a conferência interaliada de Casablanca (Anfa), britânicos e norte-americanos tomam, efetivamente, a decisão de integrar sua campanha aérea no processo de invasão anfíbia da Europa ocidental. As diretrizes enviadas aos chefes da aviação não têm nenhuma ambiguidade: "O objetivo de vocês consiste em obter progressivamente a destruição e o desmantelamento da estrutura militar, econômica e industrial da Alemanha, e em enfraquecer o moral do povo alemão de maneira a diminuir mortalmente seu espírito de resistência".

Então, o Combined Chiefs of Staff (o Estado-Maior combinado interaliado), a mais alta autoridade estratégica militar aliada, decide conciliar a ação das aviações norte-americana e britânica, no âmbito de uma ofensiva aérea combinada (Combined Bomber Offensive), com o objetivo de não dar trégua à Alemanha nazista ao bombardeá-la dia e noite. A diretriz Pointblank, datada de junho, confirma as finalidades estratégicas da operação tais como determinadas em Anfa. Ela confia a Harris e a Eaker a missão de desmantelar os recursos industriais nazistas (petróleo, borracha, canteiros navais, rolamentos de esferas). A diretriz inclui ainda uma exigência vital, prevendo um desembarque futuro, de tirar a Luftwaffe dos céus.

Na história da ofensiva aérea estratégica, o ano de 1943 marca uma importante escalada, mas também se traduz por retumbantes fracassos para os Aliados. Na primavera, Harris trava a Batalha do Ruhr, coração industrial do Reich, de cujo desfecho espera resultados decisivos. A Batalha de Hamburgo (julho-agosto), mesmo que tenha sido extremamente violenta, infligido imensas perdas à população civil e semeado a preocupação na cúpula do Estado nazista, não coloca a Alemanha de joelhos. Pior ainda. Em outubro, Eaker sofre uma severa derrota durante um ataque às fábricas de rolamentos de esferas de Schweinfurt, perdendo aproximadamente 20% dos aparelhos envolvidos. Esse desastre obriga os norte-americanos a cessarem seus ataques em profundidade no território alemão e a revisarem totalmente sua doutrina. O objetivo principal passa a ser a neutralização do caça inimigo, efetuada em conjunto pelos bombardeiros estratégicos e os caças que os acompanham cada vez mais longe, até Berlim na primavera de 1944. Isso resultará, durante todo esse ano, em terríveis perdas de pilotos da Jagdwaffe (força de aviões de caça alemães).

No início do inverno 1943-1944, a preocupação toma conta dos líderes da aviação estratégica aliada, que tomam conhecimento do plano de um desembarque na Europa e, ao mesmo tempo, da subordinação de todos seus recursos, no mês de abril de 1944, ao general Eisenhower, comandante em chefe das forças envolvidas na operação Overlord. Então, uma espécie de revolta se espalha entre os chefes da aviação, que têm a intenção de provar a todo custo a eficácia do bombardeio e, com isso, a inutilidade de uma operação anfíbia na França. Assim, Harris recruta o Bomber Command para a Batalha de Berlim, coração político da Alemanha, de novembro de 1943 a abril de 1944, mas não atinge seu objetivo – levar o III Reich à rendição –, e acaba perdendo em torno de 500 bombardeiros. A oposição dos aviadores à invasão da Europa ocidental levará Eisenhower a oferecer repetidamente sua demissão.

Tendo retomado sua autonomia operacional em setembro de 1944, Harris e Spaatz, comandantes em chefe das forças estratégicas norte-americanas na Europa, começam a luta contra as vias de comunicação e contra o petróleo, cujos resultados são incontestáveis e os efeitos, no mínimo, decisivos. Pouco antes da passagem do Reno, no início da primavera de 1945, eles tentam mais uma vez influir na solução final da guerra, atacando as grandes cidades da Alemanha oriental (dentre elas, Dresden, Leipzig e Chemnitz) e planejando, sem poder executá-las, algumas operações gigantescas (Shatter, Thunderclap e Hurricane) com o objetivo de estarrecer a Alemanha. Até as últimas semanas da guerra, os aviadores aliados buscaram com afinco demonstrar a eficácia de sua arma na vitória sobre o Reich de Hitler.

EFEITOS ILUSÓRIOS

Apreender os efeitos da ofensiva estratégica supõe primeiro analisar o ritmo da escalada aliada. Das cerca de 2,7 milhões de toneladas de bombas lançadas sobre o território europeu de 1940 a 1945 – dentre as quais, esquece-se muito frequentemente, 500 mil na França –, mais de 1,7 milhão o foram nos dois últimos anos de conflito, com um pico de 1,2 milhão em 1944. De acordo com essas estatísticas, a campanha aérea anglo-norte-americana se identifica com um fenômeno cuja intensidade se desenvolve de maneira muito gradual e só faz sentir seu efeito máximo muito tardiamente.

Os números da produção de guerra alemã constituem outro indicador interessante. Se levarmos em conta algumas áreas estratégicas, eles revelam grandes surpresas. As fabricações de tanques passam do índice 81 em 1941 a 536 em 1944; as de aviões de 97 a 277 no mesmo período; as de munições de 102 a 306; as de explosivos de 103 a 226.[2] O mesmo fenômeno é observado na metalurgia (índice 100 em 1939 e 203 em 1944) e nos materiais de transporte (índice 100 em 1939 e 255 em 1944). O setor dos metais não ferrosos mal é atingido (índice de 100 em 1939 e 98 em 1944), assim como o das minas (índice de 100 em 1939 e de 98,5 em 1944).[3]

Os efeitos diretos dos bombardeios aéreos parecem, então, à primeira vista, ter sido muito limitados. Isso foi possível em boa parte graças ao trabalho de dispersão e ocultação das fábricas dirigido pelo ministro do Armamento Albert Speer, um adepto de Hitler nomeado para essa função em fevereiro de 1942. Realizada para reduzir a vulnerabilidade da máquina de produção diante das bombas aliadas, essa política se revela realmente eficaz, mesmo que sua prática, escalonada ao longo dos anos, leve a perdas de rendimento no início. O aumento da potência da indústria de guerra nazista resulta também de investimentos consideráveis realizados antes e durante os primeiros anos das hostilidades. Deve-se também, por fim, à política de mobilização industrial do III Reich. Até sua derrota para Moscou, os alemães, convencidos de estarem envolvidos em uma guerra curta, não se preocuparam em lançar mão de todos os meios de produção a seu alcance. Somente no momento da derrota em Stalingrado e da declaração de guerra total, com as consequências que disso resultam, é que o regime nazista passa a se preocupar em lançar mão de todos os recursos disponíveis.

Porém, essa constatação deve ser bem ponderada. Como mostram os novos estudos realizados por alguns dos melhores especialistas anglo-saxões, abordar o problema da produção de guerra alemã apenas observando as estatísticas das saídas de materiais de todas as categorias leva a ignorar um parâmetro essencial: o do ritmo de crescimento da produção de armamento, como os planejadores previram. Para Richard Overy, não há nenhuma dúvida de que "os bombardeiros, lenta mas seguramente, enfraqueciam as bases da produção futura, e os ataques produziam um efeito cumulativo de ruptura no nível da frágil rede de produção e de distribuição elaborada para compensar as falhas do sistema industrial. [...] Os bombardeios impediram qualquer racionalização posterior".[4] Para Adam Tooze, que critica o mito do "milagre Speer", o progresso rápido da produção de guerra – índice de 100 em janeiro de 1942 passando a 230 na primavera de 1943 – é abafado pela campanha do Bomber Command na bacia do Ruhr.[5] A decisão tomada por Harris de retomar nos meses seguintes o esforço sobre as cidades e o desalojamento da população constitui, segundo o mesmo autor, um grave erro que não permite aumentar a vantagem adquirida.

Com efeito, os ataques às aglomerações, tal como conduzidos no âmbito de *Area Bombing*, levam a uma redução das fabricações de armamento de 5% somente. Os ataques sobre os alvos industriais se mostram muito mais eficazes. Em outono de 1943, os chefes da Luftwaffe se preocupam seriamente, e com razão, com os bombardeios norte-americanos sobre a indústria aeronáutica, que reduzem muito as entregas de aviões.

A batalha travada contra os meios de transporte do Reich a partir de outono de 1944, quando as forças aéreas estratégicas anglo-norte-americanas recuperam sua autonomia operacional em relação a Eisenhower e dispõem de 5 mil aviões, tem um peso ainda mais importante na derrocada da produção industrial já constatada. Destruindo os canais, os trilhos de trem, as estradas e as obras de arte, os bombardeios de Harris e de Spaatz levam a uma paralisia progressiva da máquina de guerra inimiga, prova de que a dispersão realizada sob a égide de Speer constitui uma faca de dois gumes. Os ataques impedem que as montadoras sejam reabastecidas com peças e elementos necessários à montagem de tanques, aviões, submarinos e muitas outras categorias de armamento. Contribuem ainda para atrapalhar com maior ou menor intensidade o fluxo da chegada das matérias-primas necessárias às siderúrgicas e às fundições.

Outra batalha, também travada a partir do outono de 1944, leva o III Reich à beira do abismo. Os norte-americanos a programaram antes mesmo de entrarem na guerra, mas se eles atacam as jazidas de petróleo romenas de *Ploiesti*, os ataques intensos visando a privar de fato a Wehrmacht de combustível só ocorrem muito mais tarde na guerra. Os alvos visados, tendo *Ploiesti* caído nas mãos do Exército Vermelho, são 18 usinas de hidrogenação espalhadas em todo o Reich. A produção, já bem reduzida na primavera de 1944, não passa de 20% do que foi nas últimas semanas desse mesmo ano. Ela se traduz por problemas operacionais e logísticos nas unidades blindadas e motorizadas e enfraquece profundamente a eficácia do combate da Luftwaffe que, não somente não pode mais recrutar seus aviões como deseja, mas também prejudica a qualidade de sua tripulação que não possui mais capacitação suficiente em matéria de horas de treinamento.

BOMBARDEIOS CONTESTADOS

Os efeitos indiretos, menos visíveis, são igualmente destrutivos. Desde 1943, ao final de um debate movimentado, a Luftwaffe começa a reagrupar nos céus do Reich uma grande parte de seus caças, deixando às aviações aliadas a superioridade aérea em relação às frentes terrestres no decisivo ano de 1944. Nesse momento, os ataques assumem tal amplitude que a Alemanha não tem outra escolha a não ser dedicar seus recursos à construção quase exclusiva de interceptadores. Fazendo isso, ela não pode mais fabricar aparelhos de bombardeio capazes de atacar o território inimigo. Como as mesmas causas produzem os mesmos efeitos, a defesa do Reich mobiliza quase 70 mil canhões antiaéreos e mais de um milhão de artilheiros em território alemão, em detrimento das frentes do Oeste e do Leste. Enfim, em torno de 2 milhões de trabalhadores, no entanto tão preciosos para a indústria do Reich, não estão nas fábricas, mas dedicam seus esforços à remoção dos escombros das centenas de aglomerações esmagadas pelas bombas.

Apesar da intensidade dos bombardeios, os aviadores aliados nunca conseguiram, porém, enfraquecer suficientemente o moral da população para jogá-la — grande fantasia douhetiana que não passa de uma utopia — contra as autoridades políticas nazistas. Certamente, o apocalipse que se abateu sobre a Alemanha causou profundas preocupações nos grandes dirigentes como Hitler, Goering, Speer e Goebbels, mas o poder e o Partido Nazista souberam explorar habilmente a cólera, a ira e o rancor dos alemães bombardeados contra os Aliados, encorajando por um tempo os linchamentos dos aviadores anglo-norte-americanos que caíam em seu território. Os ataques anglo-norte-americanos, quer tivessem um caráter industrial ou se inserissem numa lógica de terror, uniram, ao contrário, os civis aos seus dirigentes e forjaram um espírito de resiliência muito subestimado pelos chefes do Bomber Command e dos US Army Air Forces.

Antes mesmo do fim das hostilidades, as operações aéreas estratégicas conduzidas sobre a Alemanha foram objeto de muitas críticas, primeiro da parte de comandantes terrestres, que teriam preferido que as despesas na construção dos 170 mil bombardeiros britânicos e norte-americanos tivessem sido em proveito da fabricação de muitos mais tanques, de embarcações de desembarque e de caminhões. Alguns afirmaram que, seguindo essa política, um desembarque teria sido possível desde 1943. O debate ético que envolve esse fenômeno não é menos intenso. As críticas suscitadas pelos ataques lançados na época do final das hostilidades, em Dresden especialmente, expressam-se até na própria Grã-Bretanha. Numerosos observadores e analistas caracterizarão a destruição das cidades alemãs como um crime de guerra, uma mancha permanente na honra dos Aliados. Eles verão nisso uma ação que levou à morte inútil de 350 a 500 mil civis, um processo de destruição responsável pelo desaparecimento de inestimáveis tesouros arquitetônicos e artísticos, mas também a pauperização de uma parte da população europeia que teria uma consequência política maior, precipitando-a em direção ao comunismo.

É um fato incontestável que os bombardeios aliados não alcançaram o objetivo que esperavam os líderes da aviação estratégica, a derrota do Reich, que só capitulou quando as forças terrestres o ocuparam. Também é verdade que esses bombardeios resultaram em ruínas e sofrimentos. Porém, como parte da guerra total travada entre os dois campos de 1939 a 1945, eles também atingiram fortemente a economia alemã. Como observa bem Richard Overy, não podemos deixar de nos perguntar o que teria acontecido se, durante cinco anos, a Alemanha nazista pudesse ter se dedicado a suas atividades de produção sem ter qualquer preocupação, protegida por sua muralha continental.

NOTAS

[1] John Terraine, *Theory and Practice of the Air War: the Royal Air Force*, Nova York/Oxford, Berg, 1992.
[2] Adam Tooze, *The Wages of Destruction, The Making and Breaking of the Nazi Economy*, Nova York, Viking Penguin, 2007.
[3] *The United States Strategic Bombing Survey, Summary Report, European War*, 30 de setembro de 1945.
[4] Richard Overy, *Air Power in the Second World War. Historical Themes and Theories*, Nova York/Oxford, Berg, 1992.
[5] Adam Tooze, *The Wages of Destruction*, op. cit.

BIBLIOGRAFIA SELECIONADA

Bourneuf, Pierre-Etienne, *Bombarder l'Allemagne. L'offensive alliée sur les villes pendant la Deuxième Guerre Mondiale*. Paris: Presses Universitaires de France, 2014.

Crane, Conrad C., *Bombs, Cities and Civilians, American Airpower Strategy in World War II*. Lawrence: University Press of Kansas, 1993.

Facon, Patrick, *Le Bombardement stratégique*. Paris: Le Rocher, 1996.

Frankland, Noble, *The Bombing Offensive against Germany. Outlines and Perspectives*. Londres: Faber & Faber, 1965.

Overy, Richard, *The Air War, 1939-1945*. Washington: Potomac Books, 2005.

Overy, Richard, *The Bombeers and the Bombed. Allied Air War over Europe, 1940-1945*. Nova York: Viking, 2013.

Schaeffer, Ronald, *Wings of Judgment. American Bombing in World War II*. Oxford: Oxford University Press, 1985.

Süss, Dietmar, *Deutschland im Luftkrieg*. Munique: Oldenbourg Verlag, 2007.

Tooze, Adam, *The Wages of Destruction, The Making and Breaking of the Nazi Economy*. Nova York: Viking Penguin, 2007.

Os camicases
morreram em vão

PIERRE-FRANÇOIS SOUYRI

No fim do mês de outubro de 1944, quando o Japão já estava bastante enfraquecido pelas derrotas sucessivas no Pacífico para as tropas americanas, que dispunham de armamento e logística bem superiores, iniciou-se uma batalha decisiva pelo controle das Filipinas, que os japoneses ocupavam desde a primavera de 1942: a Batalha do golfo do Leyte.

A batalha começava com uma grande vantagem para os americanos. Durante a Batalha das ilhas Marianas, em junho de 1944, a força aérea da Marinha japonesa perdera em torno de 300 aviões, quase todos abatidos por caças americanos, o que foi chamado de *"The Great Marianas Turkey Shoot"* (O tiro ao pato das Marianas). A indústria japonesa não pudera ou conseguira melhorar o excelente caça-bombardeiro japonês Mitsubishi Zero, tão extraordinário ainda em 1942, mas já ultrapassado pelo Hellcat americano. Além disso, as perdas na aviação japonesa eram tão significativas que passou a ser impossível formar novos pilotos em boas condições. Os pilotos japoneses enviados para o combate eram agora bem menos aguerridos do que seus adversários americanos. Em suma, em outubro de 1944, quando começou a batalha decisiva, a 1ª Frota Aérea japonesa das Filipinas só tinha 30 caças Zero e cerca de 20 bombardeiros operacionais, o que era muito pouco diante das centenas de aviões embarcados nos porta-aviões americanos.

Foi nesse contexto de situação desesperadora que o vice-almirante Ōnishi Takijirō conseguiu, em outubro de 1944, que seu Estado-Maior aprovasse uma ideia inacreditável: pedir aos pilotos que jogassem seus aparelhos contra os navios americanos – carregando uma bomba de 250 kg –, que morressem por "choque corporal" (*tai atari*), conforme o eufemismo usado na época. Cauteloso, o Estado-Maior japonês consentiu essas missões de novo tipo desde que fossem feitas por pilotos voluntários e não apresentadas como resultado de uma ordem formal dada aos homens.[1] Essas esquadrilhas foram chamadas de "unidades especiais de ataque", *tokkôtai*, nome de código *Kamikaze* – "vento divino" –, em referência ao tufão que dispersou a frota mongol que atacara o Japão em 1281. Essa inovação técnica de Ōnishi era, sem dúvida, inédita na história militar da humanidade. Jamais uma hierarquia militar exigira que seus homens se transformassem em bombas humanas, que sua arma fosse sua morte. Toda guerra implica missões perigosas em que a esperança de voltar vivo é pequena. Mas a esperança existe, o que torna a missão "aceitável". Aqueles que decidiram mandar os pilotos em missão e os que foram sabiam que a ordem era uma pena de morte irremediável. "Não é uma missão com uma chance em dez de voltar. É uma missão de zero em dez".

156 | OS MITOS DA SEGUNDA GUERRA MUNDIAL

Por um acaso incrível, a primeira saída de pilotos camicases, no dia 25 de outubro de 1944, teve um sucesso inesperado que, na verdade, nunca se repetiria. Um único Zero japonês conseguiu afundar um porta-aviões americano ao atingir seu paiol de munições; outro porta-aviões ficou gravemente danificado. Para cinco aviões camicases, o resultado estava longe de ser ruim, visto que os relatos japoneses douraram a pílula, anunciando três navios atingidos, um afundado. Esse sucesso acabou com as últimas resistências do Estado-Maior e, a partir de então, as missões das "unidades especiais de ataque" se tornaram um dos modos usuais de combate das forças aéreas japonesas. A Batalha do Leyte foi definitivamente uma derrota para o Japão, mas, ao invés de assumir as consequências disso, isto é, concluir que a guerra estava perdida e que era necessário tentar um armistício, o Estado-Maior insistiu, achando que as missões camicases eram a melhor maneira de tirar proveito das magras forças aéreas ainda concentradas no Japão. Ademais, essa tática muito especial possibilitou uma simplificação considerável do treino dos futuros pilotos, que se resumia, no fim das contas, em transformá-los em bombas humanas.

TÁTICA, ESTRATÉGIA E MANIPULAÇÃO

Durante a Batalha de Okinawa, entre abril e junho de 1945, várias centenas de pilotos camicases se jogaram por "choque corporal" contra os navios americanos, provocando perdas significativas. Mas a que custo! Mais de 3.800 jovens pilotos foram mandados a uma morte programada nos últimos meses da guerra. As fontes americanas citam 2.200 aviões camicases. A diferença representa os pilotos em missão que caíram no mar sem nem mesmo terem visto seu alvo – porque seus aparelhos eram defeituosos, porque não tinham combustível suficiente para atingir o alvo, porque se perdiam entre as nuvens[2]... Os números fornecidos pelos peritos variam, as fontes nem sempre concordam, mas se estima que, do dia 25 de outubro de 1944 até os primeiros dias de agosto de 1945, menos de 15% dos aviões atingiram um alvo. Para ser mais preciso, constata-se um índice de fracasso que vai aumentando à medida que o fim da guerra se aproxima: 28% de êxito em novembro de 1944, na Batalha das Filipinas, menos de 10% em julho de 1945. Mas o que um sucesso significa para os japoneses, quando se sabe que aproximadamente um terço dos navios só sofreu danos menores? É certo que as perdas foram reais, mas, para que a tática camicase pudesse ser útil, o Japão precisaria ter substituído aviões e pilotos até que as perdas inimigas fossem suficientes para fazer os Aliados cederem e convencê-los a negociarem a paz. Ora, mesmo quando a máquina de guerra japonesa estava no auge, teria sido possível substituir os aparelhos quando seus índices de destruição eram – por definição – de 100%? O custo de uma bomba ou de uma munição não é o mesmo de um avião. E qual é o de um aviador? Do ponto de vista estratégico, é impossível justificar a tática camicase.

Podemos então nos perguntar por que as autoridades japonesas insistiram em mandar para a morte seus jovens pilotos. Acontece que os objetivos estritamente militares não eram os únicos em jogo.

Os líderes japoneses pensavam que a determinação feroz dos camicases, compreendida como a determinação vanguardista de todo um povo, faria recuar os americanos, os assustaria e os obrigaria a negociar. Mas era necessário travar essa batalha tanto contra o inimigo quanto com um povo que precisava ser convencido a "morrer em grande estilo". Os camicases foram, então, objeto de uma estratégia de propaganda, em particular nos últimos meses da guerra. Tornaram-se um dos aparelhos ideológicos de manutenção da coesão social numa sociedade que se encontrava, no entanto, à beira da ruptura. Nessas condições, não foram só uma arma, mas funcionaram como uma construção ideológica, propagandista.

A ação dos camicases não se destinava, evidentemente, ao sigilo. A Marinha Imperial entendeu imediatamente que a imagem desses jovens pilotos se sacrificando pela pátria e pelo imperador tinha um poder extraordinário. Na verdade, a propaganda japonesa de uso interno logo se apropriou das proezas dos aviadores, apresentados como jovens cuja morte brilhava tal qual uma "joia quebrada".[3] As autoridades incentivaram os futuros pilotos a deixar registros positivos da sua experiência. A partir da primavera de 1945, todos os futuros camicases tiveram de redigir cartas para a edificação do povo. Essas cartas deviam ser expostas em diversos lugares oficiais, em especial no santuário Yasukuni em Tóquio. Não somente pediam a esses jovens que morressem, mas também que revelassem seus sentimentos, exprimissem seu estado de espírito, explicassem seu gesto. Para reforçar sua própria resolução de morrer, os pilotos se obrigavam a dizer por que morriam. Esses textos eram ainda mais importantes porque a maioria desses jovens tinha recebido uma boa educação e sabia escrever. Nesse contexto político, institucional e coletivo, os jovens pilotos eram apoiados por uma ideologia oficial nacionalista à qual podiam certamente aderir, mas que criticavam veladamente, às vezes, por meio de fórmulas mais ou menos empoladas que significavam quase sempre: "Nossos comandantes são uns idiotas, mas mesmo assim eu morro em grande estilo". Com seus textos, tentavam convencer a si mesmos da legitimidade da ideologia oficial, mas, paradoxalmente, eles a desafiavam com frequência.

Para as autoridades, a mensagem era clara. Os camicases eram o ideal a que todo japonês devia aspirar. Diante da enormidade de seus sacrifícios, qualquer recriminação, qualquer crítica se tornavam irrelevantes. Como ousar se queixar da falta de comida, do trabalho extra solicitado pelo esforço de guerra, das restrições de todo tipo, quando os mais merecedores, a elite da nação, os pilotos da Marinha Imperial davam a própria vida sem hesitar?

DIANTE DOS CAMICASES, A INCOMPREENSÃO E O PAVOR

Do lado americano, as perdas humanas e materiais não foram insignificantes, longe disso. Mais uma vez, os números não são muito claros, porque, em plena batalha, nem sempre é fácil saber se um navio afundou porque um avião se jogou contra ele, porque foi atingido por um torpedo ou por um tiro da frota inimiga. Depois de examinar os relatos da US Navy, Robin L. Reilly contabilizou 60 navios afundados e 407 danificados.[4] Calculam-se também 6.380 mortos em razão dos ataques camicases e 9.931 feridos, embora esses números permaneçam sujeitos à confirmação. No entanto, outra estatística é significativa: 48% dos navios da Marinha dos Estados Unidos danificados e 21% dos navios afundados durante toda a Guerra do Pacífico seriam resultado de ataques suicidas entre o fim de outubro de 1944 e a capitulação do dia 15 de agosto de 1945. Na realidade, os camicases parecem ter sido, de longe, a arma mais eficiente inventada pelos japoneses contra os navios de superfície americanos.

Porém, talvez isso não seja o mais importante para os americanos. Antes de mais nada, é quase impossível evitar totalmente um ataque camicase. Um piloto pronto para jogar seu avião contra um navio precisa de muito sangue-frio, mas de poucas competências para atingir seu alvo se conseguir escapar do visor dos caçadores inimigos e do fogo dos canhões antiaéreos.

Por mais que as perdas japonesas fossem de 100% dos aviões e dos pilotos envolvidos, os resultados podiam bastar para provocar danos além do tolerável. Mesmo que a tática camicase tivesse um índice de fracasso elevado, ela representava uma verdadeira ameaça para os Aliados, tanto que, cada vez que um avião japonês se aproximava, os homens entravam em pânico. Quando o USS Bunker Hill é atingido por dois camicases em 11 de maio de 1945, seu incêndio deixa 396 mortos e 264 feridos. O efeito sobre o moral dos combatentes é enorme e provoca uma verdadeira "psicose dos camicases" que, por vezes, incapacita os homens para o combate. Os ataques aos navios aliados eram incompreensíveis para os marinheiros, e, por consequência, angustiantes. Eles provocavam um choque. Algumas testemunhas evocam uma atração hipnótica: as tripulações olhavam cada avião mergulhar com horror e impotência, sabendo que podiam ser o alvo. Para os soldados americanos, entrava-se então em uma guerra assimétrica em que o combatente inimigo era visto como um fanático irracional e suicida. Isso desencadeará nas autoridades americanas uma inquietação que vai justificar, mais tarde, o uso de todos os recursos.

Além das perdas humanas e materiais, tanto do lado japonês quanto americano, o uso da tática camicase teve consequências sobre o futuro imediato do Japão. A propaganda japonesa em torno desses jovens pilotos mortos em missão certamente ajudou a população, cujo moral estava baixo, a encontrar mais forças para se convencer a levar a batalha final ao limite. As autoridades precisavam convencer os japoneses de que a morte era melhor do que a derrota, e os jovens pilotos davam o exemplo. A determinação inquebrantável da nação japonesa devia mais uma vez obrigar o inimigo a negociar. A Declaração de Potsdam, no fim de julho de 1945, intimando o Japão a aceitar uma capitulação incondicional, deu um golpe de misericórdia nesse comportamento suicida do Estado imperial. Do lado americano, a tática camicase, apresentada como irracional e fanática, provavelmente ajudou Washington a justificar, aos olhos da opinião americana, o uso das bombas atômicas sobre Hiroshima e Nagasaki: só se podia dar fim à loucura suicida japonesa com o uso dessas armas terríveis. A determinação do inimigo teria implicado, pensava Washington, uma continuação dos combates por vários meses, obrigando o Estado-Maior aliado a imaginar um desembarque militar na metrópole japonesa, certamente muito oneroso em vidas humanas.

Curiosamente, os camicases também permitiram, de modo indireto, que o general Douglas MacArthur justificasse sua clemência ao Imperador: ele sempre se recusou a processá-lo ou a levá-lo a abdicar. Para MacArthur, uma política de ocupação severa, que envolvesse uma ação na justiça, poderia ter provocado reações violentas na população japonesa. Ele teria afirmado que os Aliados corriam o risco de se deparar com "cem milhões de camicases", o que demandaria provavelmente o envio de um milhão de soldados americanos a mais para "segurar" o Japão.

Embora as ações que levaram à morte dos soldados ou dos pilotos por "choque corporal" imaginadas pelo Estado-Maior tenham tido uma eficácia militar limitada no campo de batalha, elas tiveram um papel histórico por terem legitimado o uso inaudito da bomba atômica contra populações civis descritas como fanáticas e, depois, permitido às autoridades políticas americanas justificar a manutenção de uma monarquia não obstante comprometida com a continuação de uma guerra há muito perdida. Se o objetivo do Estado-Maior japonês era, para além da vitória impossível, manter o sistema imperial, então, de certo modo, MacArthur lhes deu razão.

NOTAS

[1] A questão do suposto voluntariado dos pilotos é complexa demais para ser tratada aqui. Ver Constance Sereni e Pierre-François Souyri, *Kamikazes*, Paris, Flammarion, coll. "Au fil de l'histoire", 2015.

[2] A partir da primavera de 1945, os pilotos quase não recebem mais formação em navegação. E, em junho-julho, não lhes ensinavam mais nem mesmo a aterrissar...

[3] Expressão da propaganda japonesa, desde 1943, que retoma um clássico chinês do século VI: "É melhor partir como uma joia que se quebra do que viver como uma vulgar cerâmica intacta". É melhor morrer como herói do que viver como um covarde. O eufemismo da "joia que se quebra" designa no vocabulário da época os suicídios em massa nas situações desesperadoras.

[4] Robin R. Rielly, *Kamikaze Attacksof World War II: a Complete History of Japanese Suicide Strikes on American Ships, by Aircraft and Other Means*, Jefferson, McFarland& Co, 2010.

BIBLIOGRAFIA SELECIONADA

Kuwahara, Yasuo, *J'étais un kamikaze*. Bruxelas-Paris: Éd. Jourdan, 2012.

Lucken, Michael, *Les Japonais et la guerre, 1937-1952*. Paris: Fayard, 2013.

Ohnuki-Tierney, Emiko, *Kamikaze, Cherry Blossomsans Nationalism. The Militarization of Aesthetics in Japanese History*. Chicago: University of Chicago Press, 2002.

Rielly, Robin L., *Kamikaze Attacks of World War II: a Complete History of Japanese Suicide Strikes on American Ships, by Aircraft and Other Means*. Jefferson: McFarland& Co, 2010.

Sereni, Constance; Souyri, Pierre-François, *Kamikazes*. Paris: Flammarion, coll. "Au fil de l'histoire", 2015.

Takahashi, Tetsuya, *Morts pour l'empereur. La question du Yasukuni*. Prefácio de Stéphane Audoin-Rouzeau. Trad. Arnaud Nanta. Paris: Les Belles-Lettres, 2012.

A França contribuiu para a vitória dos Aliados

JEAN-FRANÇOIS MURACCIOLE

"QUINZE DIVISÕES"

Em suas memórias publicadas em 1949, *Cruzada na Europa*, o general norte-americano Eisenhower prestou uma bela homenagem à Resistência Francesa. Estimando que ela havia desempenhado um papel decisivo na libertação da França, comparou sua ação à de quinze divisões. Sem querer ofender o futuro comandante supremo da Otan, podemos pensar que, nesse caso, o diplomata falou mais alto do que o estrategista. Quinze divisões? Esse era, mais ou menos, o tamanho de um exército da Segunda Guerra Mundial: o 8º Exército de Montgomery em El-Alamein, em novembro de 1942, ou o 6º Exército de Paulus em Stalingrado. Para derrubar esse exército (mas também o 4º Exército blindado e o 3º Exército romeno), os soviéticos tiveram de mobilizar 3 *"fronts"*, ou seja, 1 milhão de homens, 13.500 canhões, 900 blindados e mais

165

de 1.100 aviões. Quinze divisões é também o dobro do tamanho do 1º Exército francês de De Lattre – 250 mil homens, 5 divisões de infantaria (DI), 2 divisões blindadas (DB). A título de comparação, lembremos que a maior concentração das Forças Francesas do Interior (FFI) na guerra reúne cerca de 6 mil combatentes em Mont Mouchet, em junho de 1944, e que, para a libertação de Paris, Rol-Tanguy dispõe de 30 mil FFI; desses, apenas 5 mil estão armados, e muito escassamente.

Outros atores foram bem menos generosos, em suas memórias. O general Bradley é rigoroso com relação ao papel militar tanto da Resistência Francesa quanto da 2ª Divisão Blindada de Leclerc. Montgomery (que acerta as contas com quase todo mundo, é verdade, mas sobretudo com Eisenhower) dá pouca atenção para as Forças Francesas Livres (FFL) que lutavam sob seu comando na África do Norte.[1] Já os generais alemães que publicam as suas memórias nos anos 1950 ignoram completamente os *Free French* e a Resistência Francesa (exceto Rommel, que saúda a tenacidade de Kœnig). Numa síntese recente, o historiador britânico John Keegan considera que o papel global de todas as Resistências na Europa (sobretudo na Europa ocidental) foi muito pequeno e que os cientistas do centro britânico de decifração de códigos alemães Bletchley Park tiveram um papel muito mais decisivo na vitória final.[2] O historiador da inteligência britânica Harry Hinsley chega a afirmar que a decifração da *Enigma*[*] encurtou a guerra em pelo menos dois anos.[3]

O que pensar disso? As Resistências Francesas teriam sido apenas um tremendo fenômeno político, sem uma verdadeira

---

[*] N.T.: Máquina de criptografia, cujo código era supostamente indecifrável, usada pelas forças militares alemás desde1930.

importância militar? Para avaliar o quanto há de mito na contribuição francesa para a vitória dos Aliados, deve-se distinguir três tipos de ações militares: as Forças Francesas Livres até 1943, o Exército da Libertação, em 1943-1945, e, por fim, a Resistência interna ao longo de todo o conflito.

DOIS MITOS FUNDADORES: KUFRA E BIR HAKEIM

As ações das Forças Francesas Livres acontecem de 18 de junho de 1940 até 31 de julho de 1943, quando se fundem com o ex-exército africano de Henri Giraud. Nesse momento, as FFL tinham recebido cerca de 70 mil voluntários (32 mil franceses, 30 mil homens das colônias francesas e 3 mil estrangeiros), o que já mostra, na escala do conflito, seu modesto papel. Com populações muito menores, a Polônia em exílio ofereceu mais de 150 mil soldados para a causa aliada; a Grécia, 40 mil e os Países Baixos, 30 mil. Cabe lembrar que, até o fim de 1942, o exército do armistício de Vichy acolheu mais voluntários do que as FFL. Mesmo assim, de todas as forças aliadas, as FFL foram as únicas presentes em todas as frentes, inclusive na URSS, com o grupo Normandie-Niemen. As forças da Marinha e da Aviação, totalmente dependentes dos britânicos e, depois, dos norte-americanos, eram muito modestas: cerca de 40 navios leves (40.000 t) e 7 mil homens das Forças Navais Francesas Livres (FNFL); 7 grupos (3.700 homens) das Forças Aéreas Francesas Livres (FAFL). Essas forças participavam dos combates, e a Marinha assumia em parte a tarefa ingrata e perigosa da escolta dos comboios no Atlântico.

Resta o exército. Em 1943, além das tropas coloniais com pouco armamento dos territórios que se juntaram à França Livre e das forças em fase de instrução, as FFL tinham cerca de 25 mil combatentes, distribuídos em dois grupos principais: 3 brigadas (reunidas na 1ª Divisão Francesa Livre (DFL) em janeiro de 1943) na África do Norte e a Coluna Leclerc que, vindo do Chade, alcançou o Mediterrâneo. A contribuição dada por essas unidades foi notável, mas sempre sob o comando dos britânicos e como reforço das forças da Bandeira da União.[*] As Brigadas Francesas Livres (BFL), por exemplo, tiveram um papel ativo em 1942, ao impedir o avanço do Afrikakorps e derrotá-lo na Líbia.

Kufra e Bir Hakeim são as duas proezas militares mais famosas das FFL. Entretanto, esses êxitos não são nem os primeiros nem os mais importantes: de fevereiro a abril de 1941, o coronel Monclar, chefe da Brigada do Oriente, contribui para a derrota italiana na África do Leste e, em junho de 1941, o marechal Legentilhomme e a sua divisão ligeira ajudam a conquistar o levante vichysta. Mas essas campanhas, que necessitam de mais recursos do que em Kufra ou Bir Hakeim, não são muito exploradas pela França Livre, pois a África do Leste não diz muita coisa para os franceses. Quanto ao Levante, a batalha acontece entre franceses, o que não ajuda na fundação de um mito nacional. Bem diferente é a epopeia de Leclerc, a primeira vitória francesa desde junho de 1940 e que reata com um imaginário colonial antes que o "sol de Bir Hakeim", iluminando o primeiro encontro entre franceses e alemães desde 1940, apague simbolicamente a mancha da derrota.

Numa nota de 21 de outubro de 1940, Charles de Gaulle encarregou o coronel Leclerc de liderar as operações contra os italianos em direção à Kufra e Murzuk. O coronel dispõe de poucas

---

[*] N.T.: A bandeira nacional do Reino Unido da Grã-Bretanha e da Irlanda do Norte, também conhecida por "*Union Jack*", ou "Bandeira da União", resulta da união das bandeiras da Escócia, Inglaterra e Irlanda do Norte.

forças do regimento de atiradores senegaleses do Chade (6.100 homens), de alguns canhões e de 6 aviões obsoletos em um teatro desmedido e hostil. Os portos do sul (Douala, Pointe-Noire) estão situados a mais de 3.000 km da base de partida de Faya-Largeau; 1.200 km de deserto a separam de Kufra e 2.300, de Trípoli. Um caminhão de abastecimento gasta (em peças, água ou combustível) a metade do que transporta. Todos os recursos humanos (7 mil *coolies*,* submetidos ao trabalho forçado) e materiais da pobre África Equatorial Francesa (AEF) estão mobilizados nessa "guerra total" no contexto africano.

Em fevereiro de 1941, quase sem recursos – 250 combatentes, 70 veículos, 8 morteiros e um único canhão de 75mm que se desloca ao longo do *front* para simular uma grande potência de fogo –, Leclerc lança um ataque-relâmpago contra o oásis de Kufra. Em 1º de março, audaciosamente, ele consegue a rendição da guarnição. No dia seguinte, presta o famoso juramento, comprometendo-se, com seus homens, a cessar o combate apenas quando Estrasburgo for liberada. Em novembro de 1942, agora com forças mais consistentes (4.700 homens – 650 europeus –, 800 veículos, artilharia sólida e apoio aéreo), Leclerc forma três grupos mecanizados, um itinerante e duas companhias de reconhecimento inspiradas no Long Range Desert Group** britânico. A ofensiva é lançada no dia 16 de dezembro de 1942, e os postos italianos são derrotados uns após os outros. No dia 8 de janeiro de 1943, a bandeira tricolor tremula na região de Fezã. Leclerc lança então a ofensiva final em direção ao mar; em 26 de janeiro, está em Trípoli.

---

* N.T.: Designação usada pelos britânicos durante a segunda metade do século XIX e primeiras décadas do século XX para designar indianos e chineses que trabalhavam em suas possessões do oceano Índico e do Sudeste da Ásia.

** N.T.: O Grupo de Longo Alcance do Deserto foi uma unidade britânica criada para ações no norte da África.

Essas conquistas são imediatamente exploradas pela propaganda gaullista ("As gloriosas tropas do Chade e seu chefe estão a caminho da vitória", declara De Gaulle na BBC) e se espalham até na imprensa clandestina (o jornal *Combat* publica o texto do juramento de Kufra no início de 1942). Entretanto, o impacto militar dessas operações é limitado. Mesmo criando uma nova frente, Leclerc imobiliza forças italianas irrisórias e não causa nenhum transtorno às linhas logísticas do Eixo. Acima de tudo, ele tem pouca influência na guerra do deserto, essa sim decisiva, que acontece na Líbia e impõe a sua lógica. Um ano e meio de relativa inatividade se passa entre a tomada de Kufra e a conquista de Fezã devido aos terríveis obstáculos do teatro saariano e aos fracassos dos britânicos no norte. Mas, ao vencerem em El-Alamein, a situação se destrava e Leclerc pode avançar. Além disso, fator muitas vezes negligenciado, Leclerc deve também levar em conta a ameaça de Vichy, pois a França Livre compartilha com ela uma fronteira terrestre entre Chade e Níger. A neutralização da África Ocidental Francesa (AOF) pelo desembarque aliado na África Francesa do Norte (AFN), em novembro de 1942, protege finalmente o homem de Kufra. Por fim, lembremos a insignificância das perdas: de 1940 até 1942, Leclerc perde 53 homens em combate, 3 vezes menos do que nos acidentes nas estradas que abastecem suas modestas tropas.

O contexto da Batalha de Bir Hakeim é bem diferente. No início de 1942, as forças do Eixo contam com uma situação muito favorável na África do Norte. Desde o começo de 1942, a Royal Navy vem sofrendo grandes perdas no Mediterrâneo e não consegue mais garantir uma defesa eficaz de Malta. Os comboios britânicos que vão para o Oriente Médio devem passar pela interminável Rota do Cabo, ao contrário dos comboios do Eixo, que navegam de novo em um Mediterrâneo relativamente seguro. Ademais, aproveitando a calmaria invernal do *front* russo, a Luftwaffe do general Kesselring volta ao teatro mediterrâneo. Em contrapartida, devido à extensão das derrotas britânicas na Ásia, as tropas australianas precisam ser repatriadas com urgência no fim do inverno de 1942. Para defender o Egito, os comandantes Ritchie e Auchinlek preparam uma linha de defesa Norte-Sul, de Gazala até Bir Hakeim, no extremo ponto sul de um imenso campo minado. Num primeiro momento, a defesa da posição é confiada a uma brigada indiana, depois, à 1ª BFL do general Kœnig e seus 3.700 homens. De 27 de maio a 10 de junho, os Franceses Livres resistem heroicamente à ofensiva dos italianos e, em seguida, à dos alemães. Rommel acaba reunindo 35 mil homens para vencê-los. Como a situação está desesperadora, Kœnig decide, após acordo com os britânicos, bater em retirada na madrugada de 11 de junho de 1942 e consegue salvar dois terços dos seus homens.

É impressionante ver como se constrói um mito rapidamente. Durante a batalha, a imprensa britânica exalta, quase de hora em hora, a resistência de Kœnig. Para o *Daily Mail* de 10 de junho de 1942, "Bir Hakeim é a prova de que o espírito de Verdun continua vivo". No dia 11 de junho, o *Daily Express* publica a manchete "VERDUN" em letras maiúsculas. Enquanto a Rádio-Berlim anuncia um novo triunfo da Wehrmacht, a BBC divulga a boa notícia em toda a Europa e a RAF lança sobre a França, nos dias seguintes, 2,5 milhões de exemplares do panfleto "Bir Hakeim, vitória francesa". Os políticos não ficam para trás. De Gaulle retoma o estilo dos boletins do Grande Exército. Em 10 de junho, ele diz: "General Kœnig, saiba e diga a seus homens que toda a França acompanha e se orgulha de vocês". Em 12 de junho, na Câmara dos Comuns,

Churchill presta uma vibrante homenagem às FFL. Em Moscou, os jornais *Pravda* e *Izveztia* comparam Bir Hakeim a Verdun, imagem decididamente recorrente.[4] Em 18 de junho, no segundo aniversário do Apelo,[*] no prestigioso Royal Albert Hall de Londres, lotado, De Gaulle pronuncia um de seus maiores discursos da guerra, exaltando o combate travado desde junho de 1940 e anunciando a fusão da França Livre com a Resistência interna. Em 23 de junho, toda a imprensa clandestina publica uma mensagem do rebelde, na qual ele adere aos princípios democráticos e republicanos. Na França ocupada, nos meses seguintes, uma quinzena de jornais clandestinos publica a manchete *Bir Hakeim*. Do mesmo modo, surgem vários maquis "Bir Hakeim", como o criado por Jean Capel em Languedoc. Em contrapartida, em Vichy e na imprensa colaboracionista, a visão é muito diferente: a Rádio Paris[**] (12 de junho) celebra a tomada de Bir Hakeim pelos alemães, ao passo que a revista *Je suis partout*[***] denuncia o "amontoado de bandidinhos, de judeus degenerados e de mercenários em busca de soldo e de galões" que combatem nas FFL.

Como explicar esse destaque? Para os britânicos, em geral menos entusiastas, a verdadeira razão reside no terrível contexto militar. Excetuando o revés da Batalha de Midway (junho de 1942), o Eixo triunfa em todos os *fronts*. A ofensiva alemã na Rússia colhe sucessos decisivos: Kharkov caiu, Sebastopol está cercada, os petróleos do mar Cáspio, ameaçados; reaparece a hipótese de uma derrota russa. Na Ásia, vislumbra-se o espectro do desastre. Em seis meses, o Império do Sol Nascente conquistou todo o sudeste da

---

[*] N.T.: Primeiro discurso de Charles de Gaulle aos franceses pela rádio BBC, em 18 de junho de 1940, conclamando à resistência.
[**] N.T.: Rádio de propaganda alemã, em francês.
[***] N.T.: Revista antissemita e colaboracionista.

Ásia, varreu as joias da Royal Navy e ameaça diretamente a Índia e a Austrália. Na África do Norte, Rommel está às portas do Cairo e Suez lhe estende os braços. Nessas condições, elevar a importância da Batalha de Bir Hakeim às dimensões de uma vitória decisiva ajuda a manter o moral das populações.

Após a guerra, o mito se mantém nas memórias dos participantes e nas comemorações. Consolida-se uma imagem: Bir Hakeim é uma vitória decisiva. Com sua resistência e sacrifício, os homens de Kœnig ofereceram 14 dias essenciais ao 8º Exército, que conseguiu organizar sua retirada, evitar a derrota e, assim, preparar as vitórias decisivas das duas batalhas de El-Alamein. Toda uma literatura de origem francesa livre, mas também da Grã-Bretanha, desenvolve esse ponto de vista: Pierre Messmer ou os generais Kœnig, Simon ou Saint-Hillier, além de Churchill ("Sem a resistência de Bir Hakeim, a guerra teria durado mais dois anos") e – *mezzo voce* e com uma pitada de deslealdade contra Rommel – Kesselring. Os historiadores mostram-se céticos em relação a essa teoria: as causas profundas da derrota final de Rommel decorrem de Bir Hakeim? Rommel leva apenas seis dias para reduzir a resistência francesa, e Tobruk cai em 21 de junho, no prazo previsto pelos alemães (oferecendo 35 mil prisioneiros e imensos estoques de materiais e combustível). As verdadeiras causas da derrota de Rommel se devem, primeiramente, à lógica impiedosa da guerra no deserto: entrando Egito adentro, Rommel estende suas linhas logísticas e as fragiliza; em julho de 1942, ele conta com apenas 26 blindados, quase sem combustível, diante de Alexandria. Inversamente, o 8º Exército, mesmo vencido em Tobruk, se fortalece, alcançando o Egito. As causas remetem aos mecanismos profundos da Segunda Guerra Mundial: importância da inteligência (sem o serviço Ultra, "Rommel teria certamente chegado ao Cairo", declarou Auchinleck) e interdependência dos teatros de guerra. No verão de 1942, a frota aérea de Kesselring se dirigiu para a Frente Oriental, verdadeiro objetivo de Hitler. Então, Malta pode respirar, e os comboios britânicos trilham novamente o Mediterrâneo. A Batalha de Midway afasta a ameaça japonesa que pairava sobre a Austrália e permite, no outono, o retorno das três preciosas divisões australianas. Por fim e principalmente, Rommel não tem forças suficientes. Sua audácia e sua visão fizeram milagres durante um ano e meio, mas, em El-Alamein, ele sofre uma derrota numérica lógica.

Após a guerra, a Batalha de Bir Hakeim ocupa um lugar especial na memória de De Gaulle sobre a Resistência. Em suas *Memórias de guerra* (tomo 1, 1954), dedica a ela uma página entusiasmada. No início da 5ª República francesa, a comemoração da batalha celebra uma França que, unida por De Gaulle, jamais aceitou a derrota ou baixou as armas. Inúmeras cidades (Lille, Estrasburgo, Metz, Nantes, Montpellier, Nice, Nancy, Clermont, Dijon) rebatizam suas artérias importantes com o nome de Bir Hakeim. Em julho de 1962, quando o veterano da batalha Pierre Messmer é ministro do Exército, a nova promoção da Escola Superior Militar de Saint-Cyr recebe o nome de "Bir Hakeim". Em 1984, o general Kœnig é elevado postumamente à dignidade de marechal da França. Paris, cidade condecorada com a ordem Compagnon de la Libération, tinha de ir mais longe: em 1962, a ponte e a estação de metrô de Grenelle recebem o nome de Bir Hakeim em seu vigésimo aniversário. O simbolismo é muito forte: a ponte de Bir Hakeim, penúltima a oeste de Paris (a última, com uma longa história, é a ponte do Garigliano), corresponde à ponte de Austerlitz a leste. O batismo desses dois lugares oferece, aliás, uma impressionante ilustração do choque de memórias da Segunda Guerra Mundial. De fato, a estação de metrô Bir Hakeim fica em frente ao antigo Velódromo de Inverno, que, em julho de 1942, um mês após a Batalha de Bir Hakeim, foi o sinistro local de concentração dos judeus da região parisiense. Quando a estação de metrô Grenelle é rebatizada, o Velódromo é demolido e, em suas ruínas, nasce um prédio de 15 andares, principal anexo parisiense do... ministério do Interior. Esse formidável lapso memorialístico não se deve à expressão cínica de um antissemitismo de Estado, mas reflete apenas o soterramento, naquela época, da memória judaica e da falta de sincronia entre as diversas memórias que se expressaram após 1945.

Embora a contribuição das FFL tenha sido modesta (como poderia ser diferente?), não se deve negligenciar suas perdas (3.200 mortos, 10.600 feridos), nem o papel estratégico do Império colonial francês ligado à França Livre. Desse modo, a "dissidência" da AEF impede a presença de comissões de armistício germânico-italianas no coração da África e cobre a Nigéria britânica. Da mesma maneira, os aeródromos do Chade passam a ser escalas essenciais da grande rota aérea transafricana que abastece o Oriente Médio e, para além, a URSS, enquanto a Nova Caledônia oferece um pouso estratégico para as forças americanas no Pacífico sul. Já a AEF contribui com seu ouro, sua preciosa borracha quando a Indochina, as Índias holandesas e a Malásia estão nas mãos dos japoneses.

A RESISTÊNCIA INTERNA
E O FRACASSO DOS GRANDES MAQUIS

Até o final de 1942, a Resistência constituiu um fenômeno ultraminoritário na sociedade francesa. Os números brutos indicam, no máximo, 30 mil militantes ativos no final daquele ano, provavelmente 100 mil resistentes mal armados às vésperas do desembarque e 400 mil FFI no verão de 1944, ou seja, aproximadamente 1% da população francesa e 2% dos adultos.[5] Todavia, esse levantamento numérico revela apenas um dos aspectos de uma realidade complexa. A Resistência nunca poderia ter se desenvolvido sem o apoio ou a simpatia ativa de milhares de anônimos, o que remete à distinção entre "resistência organização" – o núcleo dos militantes que entraram na clandestinidade e que realizam ações de resistência – e "resistência movimento" ou "resistência civil", ou seja, a massa (impossível quantificar) dos franceses que, mesmo mantendo suas atividades normais, auxilia direta ou indiretamente o exército das sombras. Por mais modestas que sejam, essas atividades não deixam de ser perigosas; com efeito, a lista dos deportados franceses não comporta apenas resistentes em armas, longe disso. O exemplo dos maquis ilustra perfeitamente essa solidariedade e a necessidade de ultrapassar falsas impressões estatísticas. Os maquis se instalaram, a partir do inverno de 1942-1943, em zonas rurais. Ora, estudos sobre sua sociologia revelam que a maioria de seus membros é urbana. Deve-se concluir então que os maquis não passariam de uma excrescência em meio rural de uma resistência cujo centro de gravidade seria urbano? Isso equivaleria a negligenciar o fato de que, para sobreviver, esses maquis precisam obrigatoriamente tecer fortes relações com a população rural. Ainda que comparações internacionais mostrem que o fenômeno resistente foi mais intenso em outros países europeus, particularmente na Iugoslávia (sem dúvida, 6% dos adultos) e na Polônia (de 4% a 5%), a verdadeira questão é esta: apesar de ser minoritária, a Resistência foi eficaz no plano militar?

O estudo dos grandes maquis, a face armada mais espetacular da Resistência, revela um fracasso militar. Na França, eles não afetaram em quase nada a ação da Wehrmacht, que mobilizou poucos efetivos para combatê-los. Em todos os casos, o desfecho foi trágico não somente para os resistentes, mas também para a população civil do entorno. O caso do Vercors ilustra esse fracasso. Os primeiros campos de refratários ao Serviço de Trabalho Obrigatório (STO) surgem no planalto do Vercors no início de 1943 e são logo comandados por oficiais de batalhões dissolvidos de caçadores alpinos. Em fevereiro de 1943, o general Deslestraint dá instruções já prevendo a mobilização do maqui de Vercors, ideia plenamente aceita pelos dirigentes da Resistência local e, em Argel, pelo Comitê Francês de Libertação Nacional (CFLN). Em campo, acompanhado por Zeller e Descour, Huet assume o comando. Dispondo de 4 mil homens em meados de julho, ele reconstitui os batalhões tradicionais do exército dos Alpes, mas com um efetivo incompleto e pouquíssimo armado, apesar do recebimento de armas (leves) lançadas por paraquedas. Em 6 de junho, uma mensagem codificada da BBC e um telegrama ambíguo de Soustelle levam os comandos militares em Vercors a decretar sua mobilização. Certos de que os reforços seguirão, eles negligenciam a contraordem de Kœning do dia 10 de junho. Em 14 de julho, Yves Farge, comissário da República para a região R1 (Rhône-Alpes-Lyon), proclama solenemente a restauração da República no pequeno enclave mantido pelas FFI. Os chefes da Resistência não podem, entretanto, ignorar os preparativos do general Pflaum, que, desde 15 de junho, toma Saint-Nizier, abrindo assim uma brecha mortal ao norte da "fortaleza". Em 20 e 21 de julho, os alemães passam à ofensiva, lançando planadores em Vassieux (na pista preparada para receber os paraquedistas aliados!). Então, o drama acontece. Na noite do dia 22, Huet ordena a dispersão de suas tropas: algumas FFI conseguem escapar, mas 640 combatentes são mortos pelos alemães, que assassinam os prisioneiros e os feridos. Também a população civil, sobretudo em Vassieux, mas igualmente no vale do La Mure, paga um alto preço.

O drama de Vercors alimentou polêmicas apaixonadas após a guerra. Com o distanciamento, pode-se questionar se a chave do drama não se encontra na desproporção entre as ambições políticas e os recursos militares. Quanto aos Aliados, eles não tinham nenhuma intenção de socorrer um maqui secundário em uma região que não pretendiam liberar senão 90 dias após o desembarque na Provença, ou seja, não antes de novembro de 1944. No momento do drama, o QG do comandante em chefe do teatro mediterrâneo, general Patch, ainda está em Nápoles.[6]

Em geral, os maquis pouco estorvam os alemães, que, como na Iugoslávia, lhes deixam amplas porções de território sem grande interesse estratégico. Na primavera de 1944, o que importa para a Wehrmacht é defender os litorais e manter as ligações entre os soldados e com o agrupamento blindado do oeste estacionado na região do vale do Loire. Além das ajudas eventuais e de um relativo clima de insegurança, o verdadeiro dano militar (indireto) dos maquis reside na perda de trabalhadores para o STO. Até mesmo os meios empregados por Pflaum no Vercors, mais consistentes do que em outros lugares (10 mil homens, ao passo que 3.500 bastaram para liquidar o Mont-Mouchet), constituem uma fração mínima do 19º Exército alemão, apoiado por 8 DI (isto é, cerca de 90 mil homens). Quanto à divisão Das Reich, ela demora para chegar à Normandia, mais em razão das ordens que seu comandante Lammerding recebe para liquidar os "bandos" em seu caminho do que do assédio das FFI. Na Normandia e nas Ardenas, a divisão Das Reich mostrará que seu ânimo está intacto.

A RESISTÊNCIA NO DESEMBARQUE

No outono de 1943, os serviços secretos de Argel aprovam uma série de operações destinadas a paralisar a ação das forças alemãs no desembarque: o Plano Violeta deve neutralizar as comunicações telefônicas e isolar os postos de comando das unidades combatentes; o Plano Verde visa a paralisar a rede ferroviária na zona do desembarque por pelo menos 15 dias; o Plano Azul deve interromper a distribuição de eletricidade; e o Plano Bibendum prevê atacar os pontos sensíveis da rede rodoviária. A coleta de informações sobre a muralha do Atlântico pela Resistência é importante, mas o essencial nesse caso é feito pelos próprios Aliados: só no mês de agosto de 1944, a 3ª US Army sozinha recebe mais de três milhões de clichês aéreos.

Em 6 de junho de 1944, Eisenhower ordena que todo o território se insurja para levar os alemães a acreditarem que o desembarque da Normandia não passa de diversionismo. O preço dessa ordem é muito alto para a Resistência, pois a insurreição nas regiões distantes da Normandia e, portanto, privadas de apoio aliado, culmina em um sangrento fracasso. Nesse contexto, o conflito entre Kœnig, nomeado chefe das FFI por De Gaulle, e o Conselho Nacional da Resistência (e seu braço armado, o Comac) atinge o auge. Consciente do risco de aniquilamento das FFI, Kœnig ordena, em 10 de junho, a suspensão da insurreição. Porém, uma vez lançada, é quase impossível estancá-la; no dia 21, a ordem do dia nº 2 do Comac orienta, ao contrário, para a generalização da guerrilha.

A ação direta da Resistência nas operações do desembarque é moderada. As FFI normandas servem de guia às tropas americanas em meio à vegetação da região ou ajudam as filas de paraquedistas a se agruparem. A sabotagem constitui um apoio precioso. O Plano

Verde é perfeitamente aplicado e, num raio de 200 km ao redor da Normandia, a rede ferroviária é paralisada vários dias após 6 de junho (mas os ataques aéreos também são muito importantes), o que força os alemães a abastecerem o *front* à noite e pela estrada (ou por barcos no rio Sena). O Plano Violeta tem igualmente enorme êxito. Em 6 de junho, os alemães não podem dispor das linhas de telecomunicações Amiens/Rouen, Rouen/Caen e Trappes/Le Mans. Em toda a França, estima-se em mais de duas mil sabotagens diversas praticadas pela Resistência em junho de 1944. Todavia, a paralisia não é total. Fora da Normandia, os eixos secundários são frequentemente cortados, mas as principais vias férreas (as radiais que partem de Paris, a linha Perpignan-Nice, a transversal Bordeaux-Lyon) têm um tráfico quase normal até mais ou menos 10 de agosto. Assim, em 13 de agosto, os 9 mil homens e os 120 tanques pesados da 11ª Panzer, a "divisão fantasma", deslocam-se sem dificuldade, por trem e em 24 horas, do Lauragais ao Ródano para cobrir a retirada do 19º Exército.

A insurreição precoce da Resistência fracassa quase totalmente, seguida por terríveis represálias dos alemães ou da milícia. Na Picardia e no norte, a tentativa de levante dos franco-atiradores e *partisans* (FTP) locais termina num fracasso total. Do mesmo modo, os maquis do vale do Sena, do Morvan, da Lorena ou dos Vosges são bruscamente dispersados. No sudoeste, o recuo das tropas alemás desencadeia a insurreição. Na região da Corrèze, o chefe FTP Jacques Chapou toma Tulle em 8 de junho. Mas os alemães retomam a cidade já no dia 9, e a represália para vingar os 69 mortos em combate é sangrenta: 99 habitantes de Tulle são enforcados e 150 deportados. Perto dali, em Haute-Vienne, um destino ainda mais horrível é reservado ao vilarejo de Pradour-sur-Glane. No Périgord, as FFI têm mais êxito. Mauriac cai em

19 de junho nas mãos da Resistência, que mantém ali uma exemplar "República de Mauriac" até agosto. Mas, para essas vitórias pontuais, quantos revezes? No sudeste (em Ardèche) ou no leste (na Franche-Comté), o esquema é semelhante: primeiro, uma insurreição bem-sucedida, seguida de uma contraofensiva alemã acompanhada de exações.

Após a invasão de Avranches, as FFI normandas e bretãs servem de batedores para os americanos que penetram na Bretanha. Isoladas, as forças alemãs com cerca de 70 mil homens se retiram para os bolsões do Atlântico (La Rochelle, Saint-Nazaire, Lorient, Dunquerque). Apesar de cercados pelas 75 mil FFI de um "exército do oeste" sem armas pesadas, os alemães só se entregarão na capitulação de maio de 1945. Ao constatar a força da Resistência bretã, Patton (3ª US Army) decide confiar às FFI a cobertura de sua retaguarda a oeste, o que lhe permite poupar forças. Assim, apenas seu 8º Corpo permanece na Bretanha diante dos bolsões alemães, enquanto o 15º Corpo, que também deveria ter se acantonado ali, pode agir para esmagar, em Mortain, a última contraofensiva alemã na Normandia, em 12 de agosto. A partir do dia 13, as forças alemãs do noroeste iniciam um recuo geral, imitadas, no dia 19, pelas forças do sudeste. Desse modo, os alemães desaparecem de imensas porções de território que cobrem todo o sul, o Maciço Central, a costa atlântica e o oeste da bacia parisiense. A Resistência sai das sombras e não dá trégua na retirada da Wehrmacht. A coluna Elster, por exemplo, com 20 mil homens e constantemente atacada pelas FFI do Limousin e de Nièvre, acaba por se render aos americanos em 12 de setembro, perto de Issoudun. No entanto, seria um exagero afirmar que a Resistência "libertou" essas porções de território. Aproveitando o recuo alemão que se dá de modo organizado, ela ocupa o vazio assim criado.

O EXÉRCITO DA LIBERTAÇÃO:
UM EXÉRCITO ILUSÓRIO

Em 1945, o balanço do Exército francês é muito contrastante. Pode-se considerar que o Comitê Francês de Libertação Nacional-Governo Provisório da República Francesa (CFLN-GPRF) realizou um milagre ao reconstituir, a partir das ruínas do desastre de 1940, um exército de mais de um milhão de homens. Mas esse exército depende totalmente do exterior para seu equipamento, é integrado às operações aliadas e tem pouco peso em relação à enormidade das forças envolvidas. Em novembro de 1918, o Exército francês representava 37% do total das forças aliadas; em maio de 1945, caiu para menos de 3%. No final de 1944, o Exército francês ainda é, em grande parte, aquele da operação de Anfa:[7] conta com oito verdadeiras divisões combatentes; sete delas formam o 1º Exército francês, comandado pelo general De Lattre, por sua vez dividido em dois corpos de exército (Béthouart e Monsabert) e integrado ao 6º Grupo de Exércitos do general americano Devers; a oitava divisão de Anfa é a 2ª DB, que desembarca no início de agosto na Normandia e é parte do exército de Patton.[8]

Na operação de 30 de novembro de 1944, o GPRF previu duplicar esses efetivos ao integrar as FFI. Essa operação já é fruto, aliás, de uma revisão mais realista das expectativas francesas. De fato, um ano antes, em outubro de 1943, o CFLN considerara a cifra bastante irrealista de 36 divisões na Libertação. Supondo que os Aliados tenham aceitado essas exigências, eles teriam encontrado insuperáveis problemas de *shipping* (expedição) para equipar e transportar tal quantidade. Assim, de modo mais sensato, a operação de 30 de novembro prevê equipar, no verão de 1945 e graças ao apoio americano, oito novas divisões (dentre as quais, uma blindada e uma de montanha) para formar um 2º Exército francês. A despeito das reticências de Washington, a operação começa a ser posta em prática pela "amálgama" das FFI ao exército regular. Sete DI são assim criadas e direcionadas aos bolsões do Atlântico e dos Alpes. Além disso, uma DB teórica é constituída, mas não realmente equipada, e duas divisões são selecionadas para serem enviadas ao Extremo Oriente: inicialmente previstas para participar do combate contra o Japão, logo que chegam, no outono de 1945, recebem a missão de reconquistar a península. A operação de 30 de novembro prevê, ainda, a formação de 40 regimentos sem divisões para garantir a segurança das retaguardas das forças aliadas. Mal se formará um terço desses regimentos, sabidamente subequipados. A essas forças europeias, acrescentam-se as forças coloniais no Império. Elas reúnem, no final de 1944, aproximadamente 350 mil homens, assim distribuídos: 227 mil na AFN (40 mil repatriados da Itália e do sul da França); 11.600 na Córsega e na Itália; 31 mil no Levante; 77 mil na AOF, AEF e em Madagascar; sem contar os 74 mil soldados da Indochina (dentre eles, 20 mil europeus), prisioneiros dos japoneses desde março de 1945.[9]

No dia 8 de maio de 1945, o Exército francês conta, portanto, com 18 grandes unidades que reúnem 1,3 milhão de homens. Desse total, contudo, somente as 8 divisões da operação de Anfa têm um real valor militar. As demais unidades, por falta de equipamento, são amplamente inferiores. Assim coexistem dois exércitos em 1945: um de origem bem colonial, fusão das FFL e das ex-forças vichystas, aguerrido e bem equipado, o outro, seu oposto metropolitano, de origem FFI, menos aguerrido e nitidamente menos equipado.

*

Uma obra recente de sucesso[10] se arriscou a um exercício de ucronia: como teria sido a guerra se o Exército francês tivesse continuado o combate após junho de 1940? O resultado seria uma guerra muito mais centrada no Mediterrâneo, com a França em um papel central. Entretanto, é forçoso constatar, na "verdadeira história", que, apesar de sua dedicação, coragem e grandes perdas, as Resistências francesas não conseguiram apagar a imensa catástrofe que a derrota de 1940 significou. A contribuição militar da Resistência interna consistiu essencialmente na formação de rotas de fuga, na busca de informações e, pontualmente, na sabotagem. As Forças Armadas Regulares (FFL, depois Exército da Libertação) participaram dos combates, contribuindo para frear as forças do Eixo (Bir Hakeim, Kasserine), angariando belas vitórias (Tunísia, Cassino, Provença), mas contribuindo apenas modestamente para a vitória final. A terrível e exagerada frase de Keitel em Berlim, no dia 8 de maio de 1945 ("O quê?! Os franceses também?!"), é injusta. Mas a imagem de uma França resistente efetuando sua própria libertação é mesmo um mito.

NOTAS

[1] Harry Hinsley, *Codebreakers. The Inside Story of Bletchley Park*, Oxford, Oxford University Press, 1992.

[2] John Keegan, *La Deuxième Guerre mondiale*, Perrin, 1990.

[3] Bernard L. Montgomery, *Mémoiresdumaréchal Montgomery*, Plon, 1958.

[4] Francois Broche, *Bir Hakeim, mai-juin 1942*, Perrin, 2008.

[5] Logo após a guerra, foram expedidas 137 mil carteiras de "combatente voluntário da Resistência", total que chegou a 260 mil no fim dos anos 1990.

[6] Gilles Vergnon, *Le Vercors, histoire et mémoire d'um maquis*, Ed. de l'Atelier, 2002.

[7] Operação de rearmamento do exército da África adotada pelos americanos durante a conferência de Casablanca (Anfa) em janeiro de 1943.

[8] Mesmo que seja pontualmente ligada ao 1º US Army e ao 1º Exército francês.

[9] Jacques Vernet, *Le Réarmement et la réorganisation de l'armée de terre française, 1943-1946*, Vincennes, SHAT, 1980.

[10] Jacques Sapir *et al.*, *1940. Et si la France avaitcontinuélaguerre*, v. 1, Tallandier, 2010, v. 2, *1941-1942. Et si laFrance avait continué la guerre*, Tallandier, 2012.

BIBLIOGRAFIA SELECIONADA

Memórias

Churchill, Winston, *Mémoires sur la Deuxième Guerre mondiale*. 12 v. Paris: Plon, 1948-1954.
Eisenhower, Dwight, *Croisade en Europe*. Paris: Robert Laffont, 1949.
Gaulle, Charles de, *Mémoires de guerre*. 3 v. Paris: Plon, 1954-1959.

Historiografia

Broche, Francois; Caitucoli, Georges; Muracciole, Jean-Francois, *La France au combat. De l'Appeldu 18 juin à lavictoire*. Paris: Perrin, 2007.
Keegan, John, *La Deuxième Guerre mondiale*. Paris: Perrin,1989.
Marcot, Francois (dir.), *La Résistance et les Français. Lutte armée et maquis*. Besançon: Annales Littéraires de l'Université de Franche-Comté, 1996.
Nogueres, Henri, *Histoire de la Résistance*. 5 v. Paris: Robert Laffont, 1967-1982.
Wieviorka, Olivier, *Histoire de la Résistance, 1940-1945*. Paris: Perrin, 2013; *Histoire du débarquement en Normandie*. Paris: Le Seuil, 2007.

As armas milagrosas alemás poderiam ter mudado tudo

PIERRE GRUMBERG

O que há de melhor para despertar fantasias do que apresentá-las com as cores do III Reich? É exatamente isso que faz a revista *Le Point*[1] em um artigo publicado em 8 de maio de 2014, por ocasião da comemoração da vitória aliada na Europa. Introduzido pela imagem de um disco voador de 50 metros de diâmetro com a cruz negra da Luftwaffe, o artigo trata essencialmente da operação Paperclip, uma extensa razia organizada pelo Office of Strategic Studies (OSS, órgão precursor da CIA) para levar para os Estados Unidos os engenheiros e cientistas que colaboraram para o esforço de guerra nazista.

Um esforço digno de interesse, salienta o autor do artigo:

> Nesse departamento extraordinário [um misterioso "escritório de desenvolvimento IV SS", ou SS-*Entwicklungstelle*-IV, nota da redação], ocorrem múltiplos experimentos às vezes espantosos, como o

Landkreuser P. 1000 *Ratten*, verdadeiro cruzador terrestre de 1.000 t [...]. A imaginação criativa dos pesquisadores nazistas não se limitava a máquinas destinadas ao exército. De fato, eles também investiram no campo da Aeronáutica, caso da asa voadora a jato Ar E-0555 da empresa Arado, cujo raio de ação supostamente permitiria que esse aparelho alcançasse a Costa Leste dos Estados Unidos e destruísse essa zona com 4.000 t [*sic*] de bombas, até uma hipotética bomba atômica.

O jornalista esclarece que o ministério da Aeronáutica do Reich ordena a suspensão do projeto em 28 de dezembro de 1944, mas essas pesquisas não ficaram perdidas, já que os americanos recrutam os "criadores desse protótipo de bombardeiro estratégico que [...] abre caminho, anos depois, para a criação do bombardeiro furtivo B-2 Spirit, que efetuará seu primeiro voo em 17 de julho de 1989". O autor do artigo cita ainda diversos "protótipos" de discos voadores, extraindo suas informações de inúmeros sites para ufólogos, neonazistas, amadores de ocultismo e de teorias de conspiração.

O fato de uma revista como *Le Point* publicar um artigo desses em sua seção "História" é significativo: quando se aborda o tema das "armas milagrosas" alemãs, ou *Wunderwaffen*, tudo se torna crível, até discos voadores capazes de voar a "pelo menos" 7.000 km/h, ou então bases secretas na Antártida, como são descritas no site[2] que serviu de fonte à revista. Embora esteja repleto de inverossimilhanças, o artigo tem a vantagem de reunir todos os mitos e crenças sobre as armas nazistas: a superioridade tecnológica do Reich, sua capacidade para dominar todas as áreas, a mão das SS nas pesquisas mais avançadas, a identificação das estrelas – o "temível" tanque Tigre, o "não menos eficaz" caça Messerschmitt Me-262 –, os projetos mais delirantes como o Ratte, ou o Amerikabomber da companhia alemã Arado. O feliz paradoxo nessa questão é que Hitler e seus superengenheiros arianos, auxiliados por alienígenas, perderam a guerra assim mesmo.

UMA INVENÇÃO DA PROPAGANDA NAZISTA

Mas o que são exatamente essas temíveis *Wunderwaffen*? Em seu discurso de 5 de junho de 1943, proferido no *Sportpalast* de Berlim, o ministro do Armamento Albert Speer alude 11 vezes a "novas armas", explicando que a tecnologia e a qualidade podem contrabalançar e até mesmo superar a quantidade. A primeira menção a uma "arma milagrosa" ocorre, ao que parece, num artigo assinado por Harald Jansen, um dos capangas de Goebbels no ministério da Propaganda, publicado no jornal semanal *Das Reich,* de 2 de julho de 1944. O autor, que faz um primeiro balanço – evidentemente positivo – do bombardeio de Londres pelos V-1, iniciado em 13 de junho, retoma as advertências feitas a Londres por seu chefe em 16 de abril de 1944, anunciando uma revanche em breve. No mesmo jornal, Goebbels utiliza, no dia 23 de julho seguinte, o termo "arma de represália" (*Vergeltungswaffe*) e ameaça Londres:

> Nossa campanha de revanche não está terminada, ela está apenas começando. Os especialistas militares de toda parte avaliam que nossas armas de represália são uma revolução na tecnologia militar. O que não dirão quando nossas novas armas, mais impressionantes ainda, entrarem em operação!

Armas secretas, armas novas, armas milagrosas ou de represália... A terminologia é extensa para definir o contorno exato do arsenal. A Wikipédia, bom indicador do conhecimento geralmente compartilhado, transforma as *Wunderwaffen* num imenso bazar. Encontra-se de tudo: de sistemas de armas monumentais (os superencouraçados da classe H, nunca construídos) ao visor infravermelho para tanque *Panther* (cerca de 50, provavelmente utilizados em combate em 1945), passando pelo fuzil para atirar nas esquinas (o *Krummlauf,* canhão encurvado para adaptar ao fuzil de assalto StG 44 para o combate de rua). Citamos também o *Ratte* evocado pela revista *Le Point* (uma máquina absurdamente pesada e vulnerável, que ficou na prancheta), acompanhado por um camundongo (o *Maus*, um tanque de 180 t com dois canhões de 128 mm; dois protótipos construídos, um concluído...).

Nesse amplo amontoado adornado por uma cruz gamada, observemos que certas armas mencionadas figuram na lista principalmente por causa de seu tamanho, exotismo ou sua construção tardia. É o caso do porta-aviões Graf Zeppelin (lançado em 1938, jamais concluído), do Focke-Wulfe Ta-152 (último modelo do caça FW-190; cerca de 40 foram entregues no início de 1945), do Heinkel He-111Z Zwilling (rebocador de planador com dois 351 He-111 acoplados; 12 construídos) e do Messerschmitt Me-323 Gigant (avião de transporte hexamotor pesado e lento; 198 construídos). Na falta de obras com uma síntese convincente, o volume de dados apresentado pela Wikipédia possibilita levantar alguns números indicativos.

Uma vez excluídas as "armas fictícias" e a *Grosse Bertha* (Grande Bertha) da guerra anterior, o site lista 118 entradas. Nesse conjunto de dados, 41,5% das armas não ultrapassaram a fase de projeto, 28,8% chegaram à fase do protótipo, 7,6% a de uma produção em série e 22% a de combate. Contudo, esse último dado deve ser visto com cautela: na imensa maioria dos casos, trata-se de um punhado de missões ou disparos diretos. Na verdade, somente meia dúzia de armas realmente inovadoras – voltaremos a falar disso – foram usadas em grande escala: o fuzil automático Sturmgewehr 44 (ou StG 44), o caça a jato Messerschmitt Me-262, os mísseis Fieseler Fi-103 (v-1) e o Aggregat A4 (v-2), os mísseis antinavio teleguiados Fritz X e Henschel Hs-293. Essa lista confirma, aliás, os setores-chave da excelência alemã: armas leves, aviões a jato (36 projetos, ou seja, 30,5%), armas teleguiadas (31 projetos, 26,2%), além dos submarinos (9 projetos, 7,6%).

A MÁQUINA INDUSTRIAL ALEMÃ TEM FALHAS

Como o resultado final é conhecido – a capitulação incondicional em 8 de maio de 1945 –, surge a dúvida se esse arsenal mais ou menos virtual poderia ter mudado o rumo das operações. A resposta para isso repousa, primeiramente, numa prorrogação possível do conflito: o Reich teria conseguido sobreviver ao verão de 1945, e subsistir até 1946, se tivesse concluído os temíveis e espetaculares projetos anunciados por Goebbels? Difícil responder que sim. O mais surpreendente, na verdade, é que a Alemanha não tenha se rendido antes. Considerando sua situação em agosto de 1944, uma capitulação no Natal não teria sido impossível. Embora tenha sobrevivido até a primavera de 1945, o Reich já estava quase sem homens, recursos materiais e combustível. Somente o terror inspirado pelo Exército Vermelho impediu sua desintegração.

Excluindo-se qualquer prorrogação do conflito, pode-se imaginar que os engenheiros do Reich poderiam ter chegado *antes* a resultados mais significativos se – hipótese levantada com frequência – os nazistas e em particular Hitler não os tivessem atrapalhado com suas intervenções intempestivas? O incômodo dessa argumentação é que foi o regime – Hitler pessoalmente – que ordenou em primeiro lugar a proliferação das *Wunderwaffen*. Em seguida, seria preciso imaginar uma economia dirigida por nazistas competentes, duas palavras que não combinam, e, quando Speer se apresenta em fevereiro de 1942 no lugar do finado Fritz Todt, já é tarde demais. A realidade é que a máquina industrial do Reich teria sido incapaz de fabricar mais e mais rápido as famosas armas milagrosas.

Bem distante da imagem de alto desempenho hoje difundida sobre as fábricas alemãs, o balanço de sua indústria durante a guerra é desastroso. As razões desse fiasco são múltiplas e sempre discutidas: sequelas da crise econômica, prazos insuficientes de preparação, planejamento errático, burocracia excessiva, rivalidades entre os caciques nazistas (Himmler, Goering, Todt, Sauckel...), mobilização maciça da mão de obra para a Wehrmacht, rivalidades entre laboratórios de pesquisa e construtores, desperdício de recursos e também, é verdade, mas com menos impacto do que se diz, decisões intempestivas do Führer... O grande historiador britânico Richard Overy (ver bibliografia selecionada) acrescenta a essa lista por fim e sobretudo a influência nefasta do exército.

Contrariamente aos Estados Unidos, onde a produção é padronizada e centralizada nas mãos de *experts* civis, na Alemanha, os militares atuam em todos os níveis, exigindo sem cessar modificações que atrasam as linhas de montagem. Essas perturbações são agravadas por sua obsessão pela tecnologia desde a Primeira Guerra Mundial – os *Pariserkanone*, armas de longo alcance conhecidas erroneamente pelo nome de *Grosse Bertha*, são o melhor exemplo disso. Resumida no discurso de Albert Speer lembrado no início deste texto, a crença de que basta qualidade para remediar a quantidade justifica a infernal multiplicação de projetos, protótipos e séries minúsculas. A felicidade dos maquetistas e das revistas especializadas está garantida, mas não a produção em massa.

MÁQUINAS DESENVOLVIDAS PELO EXÉRCITO ÀS SUAS PRÓPRIAS CUSTAS

A aviação é o mais perfeito exemplo do engodo. A produção alemã é anêmica e não decola antes de 1943, quando a guerra já está perdida. O Reich, que produz aproximadamente 11 mil aparelhos em 1940, só fabrica 15.400 em 1942, ao passo que o Reino Unido passa de 15 mil a 23.700, os Estados Unidos, de 6.100 a 85.900 e a URSS, de 10.600 a 34.900.[3] Em 1943, enquanto Speer tenta pôr ordem nessa produção, o ministério da Aeronáutica (*Reichsluftfahrtministerium*) produz 425 tipos e variantes de aviões... Embora Speer, expert excepcional, consiga superar a produção britânica em 1944 – em números absolutos, pois a indústria inglesa foca agora nos quadrimotores –, a paixão pelas *Wunderwaffen*, relançada pelos delírios de Hitler e pelo pânico de seus capangas, ganha novo fôlego apesar das necessidades militares reais.

Longe de serem vantajosas para o Reich, as armas milagrosas têm o efeito contrário. Segundo o *Strategic Bombing Survey* (estudo sobre o bombardeio estratégico), elaborado em setembro de 1945 pelos americanos, os nazistas teriam gasto nos mísseis V-1 e V-2 os recursos necessários para a construção de 24 mil caças. A necessidade de proteger os locais de fabricação dos bombardeios impunha a escavação de enormes galerias. Essa foi uma das razões pelas quais alguns programas de *Wunderwaffen* foram confiados aos SS. Excetuando alguns engenheiros-chave que recebem promoções tardias, sua competência é limitada. Mas eles são ideologicamente "seguros" – Hitler desconfia do exército, sobretudo após o atentado de 20 de julho de 1944 – e, sobretudo, controlam autoritariamente a mão de obra forçada, sem a qual nada é possível. Sessenta mil deportados vão então trabalhar no complexo subterrâneo de Mittelbau-Dora, perto de Nordhausen, centro de produção das armas V. Um terço desses trabalhadores morrerá ali. À produção passiva das fábricas se acrescenta a proteção ativa assegurada por uma preciosa defesa antiaérea (DCA), e um custo desmedido em explosivos, que fazem grande falta para a Wehrmacht. Os autores do estudo observam, por fim, que engenheiros que trabalham no verão de 1943 no projeto de míssil antiaéreo *Wasserfall* são redirecionados para o projeto V-2. Não apenas as *Wunderwaffen* privam o Reich de preciosos recursos, mas também se canibalizam entre si!

Admitamos que Albert Speer tivesse chegado ao comando mais cedo: as *Wunderwaffen* estariam à altura? A resposta a essa pergunta obriga, primeiramente, a revisar o mito bem enraizado da superioridade tecnológica alemã. Com uma grande reputação em ciência, sobretudo na física – até que os nazistas expulsem os melhores pesquisadores, acolhidos por seus futuros inimigos –, a Alemanha se iguala aos Aliados, e até os ultrapassa, em muitas áreas. Entretanto, não necessariamente graças à tecnologia: a superioridade pontual de certos armamentos alemães se deve mais a uma compreensão profunda do combate no nível tático.

O melhor exemplo disso são os tanques: é o conceito de uma torre de artilharia tripla – ao contrário de um homem que faz tudo nos tanques franceses – e o equipamento sistemático em rádio que tornam o Panzer III superior, em 1940, e não o armamento ou a blindagem, bem medianos. A superioridade tão louvada do Panzer V Panther se deve menos à excelência tecnológica que a escolhas qualitativas custosas – blindagem extra, canhão, ótica de ponta – em detrimento da quantidade, como já dissemos. O Reich produz 6 mil M4 Sherman, enquanto os norte-americanos fabricam 49 mil, e os soviéticos, 64.500 T-34. Sempre se poderá dizer que a Wehrmacht tinha boas razões para fazer essa escolha: um tanque mais pesado e com uma boa extensão é, de fato, temível na defesa. Mas o combate blindado não se resolve em uma série de duelos, e o Panther foi derrotado em campo.

A aviação alemã, por sua vez, não é melhor do que a dos Aliados. O Messerschmitt Bf 109, que rivaliza com o Spitfire em 1940, já está ultrapassado em 1945. Os bombardeiros médios são... muito medianos – à exceção do Junkers Ju 88 – e Heinkel falha, por ser ambicioso demais tecnologicamente, no único bombardeiro pesado desenvolvido. A Luftwaffe só aproveita em toda a guerra um único tipo de monomotor de alto desempenho capaz de seguir os avanços dos caças anglo-americanos: o Focke-Wulfe 190. Em muitas áreas, como a eletrônica, os Aliados estão muito à frente. As antenas radar no nariz dos caças noturnos de cruz em 1944-1945 não são uma prova de tecnicidade, mas a confissão de um atraso: radomes abrigam melhor as antenas dos aviões britânicos desde 1942, para grande benefício da aerodinâmica.

EM 1945, A WEHRMACHT
É O EXÉRCITO MENOS EQUIPADO DE TODOS

Na realidade, a Wehrmacht de 1944-1945 não tem nada de uma força ultramoderna. A imensa maioria das tropas combate com equipamento de 1940. Por exemplo, o tanque mais fabricado continua sendo o Panzer IV (7.715 produzidos contra 4.284 Panther nesses dois anos), baseado em um modelo de 1936. A logística das divisões de infantaria – e até das Panzerdivisionen em 1945 – continua sendo de tração animal, o que facilita a identificação das colunas alemãs pelos aviadores aliados, cujos cavalos ficam sob o capô. O fuzil do soldado da infantaria ainda é o Karabiner 98k de carregamento manual, derivado de uma arma de 1898, e toda a artilharia data do começo dos anos 1930. Essas são as verdadeiras armas usadas pelo *landser*, o soldado da infantaria, quando não herda uma arma velha do inimigo.

Isso significa que a reputação das armas alemãs é totalmente falsa? Claro que não. Deve-se reconhecer que os engenheiros alemães criam áreas de excelência que garantem à Wehrmacht uma vantagem tática durante toda a guerra. A artilharia antitanque, excelente e servida por sistemas de visão ótica incomparáveis, nunca será igualada pelos Aliados. As oficinas do Reich também concebem as melhores armas automáticas. A metralhadora MG-42 é uma das chaves da superioridade de fogo da seção de infantaria, devido à sua devastadora cadência de tiro: 1.200 tiros/minuto, duas vezes mais do que a M1919 americana. O fuzil Stg 44 de Hugo Schmeisser, uma das raras *Wunderwaffen* bem-sucedidas e distribuídas em grande quantidade (426 mil exemplares), é a base de todos os fuzis de assalto de hoje. Seu princípio combina os trunfos da pistola-metralhadora – munições leves e, portanto, dotação superior, dimensão pequena, tiro automático – e do fuzil – precisão e poder de parada nas distâncias reais de combate, ou seja, 200 metros. Todavia, observa-se que a tecnologia, como no caso mencionado do Panzer III, é menos importante do que a inteligência conceitual e o senso tático.

Os outros setores de excelência da engenharia alemã produzem logicamente *Wunderwaffen* mais bem-sucedidas. É o caso evidente dos aviões a jato, setor em que a Alemanha é pioneira. Em 1939, o Heinckel He-178, do engenheiro Hans Pabst von Ohain, desenvolvido com fundos próprios, é o primeiro avião com ar propulsado pelo turbo-reator. Paralelamente, o Ministério da Aeronáutica desenvolve projetos que vão culminar no famoso bi-reator Messerschmitt Me-262, aparelho mítico frequentemente apresentado como "o avião que poderia ter mudado o rumo da guerra". Mas tudo é hipotético.

No papel, o Me-262 se mostra temível, com uma velocidade em patamar superior em 150 km/h ao melhor avião aliado – 870 km/h em altitude, onde operam os bombardeiros que são seus alvos – e seu armamento imponente – quatro canhões de 30 mm, e dois ou três obuses que bastam para destruir um quadrimotor. Um exame atento mostra, no entanto, grandes fragilidades. A primeira é a falta de maturidade do reator Junkers Jumo 004-B1. O empuxo é correto (8,8 kN), mas ele demora para responder às arremetidas, se apaga intempestivamente ou pega fogo, o que faz do Me-262 um avião muito perigoso na decolagem e na aterrissagem. Além disso, o Jumo 04, embora seja relativamente simples de construir, sofre com a penúria de metais que atinge o Reich e perde qualidade: sua vida útil quase não ultrapassa dez horas. É a fragilidade desse motor, bem mais do que o desejo de Hitler de fazer do avião um bombardeiro, que atrasa o programa.

AVIÕES A JATO E ARMAS V: MUITOS PROJETOS NO AR

Ainda inacabado, o Me-262 entra em combate no outono de 1944, em condições inaceitáveis para os Aliados – o Meteor britânico, em operação em julho, limita-se a interceptar os V-1. Os dados informados pelo Kommando Nowotny, primeira unidade verdadeiramente operacional em 3 de outubro de 1944, falam por si mesmos. No dia 1º de novembro, o Kommando tinha obtido 22 vitórias, mas perdeu 15 das 30 aeronaves, 9 por acidente e 6 em combate, essencialmente na decolagem, quando os caças aliados que identificam o alvo conseguiram aproveitar a velocidade baixa do Me-262. Walter Nowotny, com 258 vitórias, é abatido em 8 de novembro após uma falha do reator. Restam então ao Kommando apenas 3 aparelhos em condições de voo. Desde 1945, a Luftwaffe dispõe de cerca de 200 Me-262 operacionais; desses, perto de 40 podem atuar simultaneamente em março. Os resultados são interessantes, mas diminuem uma gota apenas do mar de bombas que cai sobre o Reich.

No final, os 1.430 Me-262 fabricados não têm nenhum impacto sobre as operações: seus êxitos são tão ocasionais que nem aparecem nas estatísticas. Os céus da Alemanha, em 1945, nunca foram mais seguros para os quadrimotores da Usaaf, forças aéreas americanas: a taxa mensal de perda – incluídas todas as causas – é inferior a 1% em fevereiro de 1945, contra 2,75% um ano antes. Produzir mais Me-262 não teria ajudado muito: a Alemanha tem pouco combustível e pilotos no outono de 1944. Para mudar o rumo das operações aéreas, seria necessário que o Me-262 entrasse em operação em massa *antes* que a aviação americana lançasse, na primavera de 1944, a grande ofensiva que domina os céus e que atacasse a produção de combustível sintético sem o qual nenhum avião voa. O mesmo vale para todos os outros aparelhos a jato, aqueles fabricados em minúsculas séries – como o bombardeiro Arado Ar-234 e o caça Heinkel He-162 –, ou os que permaneceram na prancheta.

O famoso Amerikabomber evocado pela revista *Le Point* é apenas um desses projetos. Explicar que ele poderia ter servido de vetor para uma "hipotética" bomba A se tivesse voado equivale a parafrasear a piada dos tempos de penúria: "Eu faria uma omelete de bacon para você se eu tivesse ovos, mas não tenho bacon". Quanto a fazer dele o precursor do bombardeiro furtivo B-2, é ignorar que a Northrop, nos Estados Unidos, já apresentava asas voadoras propulsadas e lançava um projeto de bombardeiro estratégico (o XB-35) em 1941, antes mesmo que a guerra seja declarada e que as pesquisas alemãs sejam descobertas.

Além da aviação, outro grande setor de criação das *Wunderwaffen* é o das armas teleguiadas, começando pelos famosos V-1 e V-2. São conhecidos os investimentos do Reich nessas máquinas. Mas para quê? Tecnicamente, o Fieseler Fi-103 V-1 é uma arma astuciosa: um avião sem piloto, propulsado por um reator bem simples chamado de pulso-reator – no qual a compressão da mistura ar-combustível é assegurada pelo avanço, o que supõe catapultar o aparelho para lhe imprimir velocidade suficiente. O incômodo é que ele não é muito confiável, tem um raio de ação limitado (250 km), suas rampas de lançamento são vulneráveis, sua precisão é nula, o aparelho voa baixo e é (relativamente) lento, o que torna possível sua interceptação – em agosto de 1944, ou seja, um mês e meio após o início da campanha de bombardeio, 80% dos v-1 lançados são abatidos. Por fim e principalmente, sua carga de destruição é limitada a 850 kg. Embora os v-1 provoquem ainda assim 10 mil mortes, essencialmente habitantes de Londres e da Antuérpia, eles nunca influenciarão a determinação dos Aliados. Como poderia ser diferente? A *totalidade* dos 30 mil V-1 fabricados representa 25.500 t de explosivos, isto é, 2,8% da tonelagem lançada pelos anglo-americanos sobre a Alemanha em 1944.

O mesmo acontece com o Aggregat A4 (ou v-2). Inovação tecnológica histórica, ele é a base de todos os mísseis balísticos e dos foguetes civis – o promotor Walter Dornberger e o inventor Wernher von Braun acabarão nos Estados Unidos. O v-2 voa pela primeira vez em 3 de outubro de 1942, o que é surpreendente. Com sua trajetória culminando a 80 km de altitude, é impossível interceptá-lo e seu alcance de 320 km é um pouco melhor do que o v-1. Resta que, do ponto de vista militar, o v-2 não passa, afinal de contas, de uma bomba de mil quilos muito imprecisa e pouco confiável. Nenhum dos 11 mísseis lançados em 17 de março de 1945 por ordem de Hitler contra a ponta de Remagen, no Reno, tomada pelos americanos, cai a menos de 200 metros do objetivo. Dos 5.200 v-2 construídos, 3.172 são lançados sobretudo sobre Londres e Antuérpia (76 sobre a França, 22 só sobre Paris), ocasionando cerca de 5 mil mortos. No total, o conjunto das máquinas representa um potencial explosivo de 5.200 t, ou seja, 0,56% da tonelagem lançada em 1944 pelos Aliados, 6% da tonelagem total lançada sobre Berlim ou um pouco mais da metade da tonelagem da grande ofensiva contra Hamburgo, de 24 de julho a 3 de agosto de 1943.

ARMAS TELEGUIADAS E SUBMARINOS: VERDADEIROS ÊXITOS, MAS TARDIOS DEMAIS

O Reich tinha recursos para desenvolver mísseis mais potentes capazes de atravessar o Atlântico? Muito se falou sobre o foguete A9/10, batizado de Amerikrakete (foguete América). Essa máquina, no entanto, voaria só em 1946, e nada prova que teria correspondido às expectativas. Mesmo que tivesse sido completamente bemsucedida, sua carga explosiva não teria dado resultados melhores do que os V-1 e V-2. Após Londres, Berlim e Tóquio terem sido devastadas por toneladas de explosivos e bombas incendiárias bem superiores, sem que isso alterasse a determinação dos poderes políticos, não é possível presumir que lançar algumas grandes bombas sobre Nova York teria mudado o rumo da guerra. Para isso, seria preciso dotar os mísseis de ogivas nucleares, caminho em que os alemães haviam fracassado totalmente.

As outras armas teleguiadas quase não têm sucesso. O *Wasserfall* é um míssil antiaéreo de navegação manual e radar muito promissor. Mas o chefe do projeto é morto por um bombardeio em 1943, a equipe é amputada para alimentar o projeto V-2 e a arma, já testada em 1944, não está pronta no fim da guerra. Não somente a indústria alemã não teria conseguido fabricá-la em número suficiente, como os Aliados teriam certamente produzido contramedidas eletrônicas. Foi o que fizeram para impedir a bomba teleguiada Ruhrstahl SD 1400X, ou "Fritz X", e o míssil Henschel Hs-293. Esses dois mísseis antinavio bem baratos conseguem, já em 1943, danificar ou destruir cerca de 30 unidades, como o encouraçado italiano Roma, afundado por uma "Fritz". O problema é que a Luftwaffe quase não tem mais bombardeiros em 1943, e os Aliados conseguem rapidamente bloquear o sistema de navegação. Essas máquinas se revelam assim incapazes de impedir o desembarque na Normandia. Novamente um impasse.

Para concluir este levantamento do arsenal hipotético da Alemanha nazista, deve-se ainda assim lembrar de uma de suas mais belas joias: o U-Boot de tipo XXI, modelo que inspirará todos os submarinos clássicos do pós-guerra. Como no caso do tanque Panzer III ou do StG 44, a proeza não reside em uma inovação tecnológica, mas na ótima integração de soluções testadas em uma máquina revolucionária. Propulsão diesel-elétrica, *snorkel*, torpedos autoguiados, sonar e até radar, tudo existe antes do tipo XXI. A ideia genial é armazenar uma enorme reserva de eletricidade em um casco ampliado e otimizado para a velocidade de mergulho – os submarinos da época deveriam ser chamados, na verdade, de submersíveis, otimizados para navegar na superfície, com imersões ocasionais. O tipo XXI, o dobro do tipo VII clássico da Kriegsmarine (1.819 t de deslocamento contra 871 t), contém o triplo de baterias. Isso lhe permite alcançar 17 nós em mergulho, contra 10 do tipo VII, e, sobretudo, igualar e até ultrapassar a velocidade das corvetas aliadas, encarregadas de garantir a segurança dos comboios. Além da capacidade de atacar e se esconder, escapando à escolta, baterias extras beneficiam a autonomia em imersão: 630 km contra 150 do tipo VII. A embarcação pode, assim, ficar ao abrigo e só fica vulnerável quando seu *snorkel* emerge, por cinco horas, para recarregar as baterias.

Rápido, silencioso, armado com 6 tubos e 23 torpedos autoguiados, o tipo XXI poderia ter mudado o curso da guerra, cortando o cordão umbilical com os Estados Unidos? A resposta é simples: não. E por muitas razões. A primeira delas, comum à quase todas as *Wunderwaffen*, é que sua produção começa tarde demais. Encomendado em 6 de novembro de 1943, o primeiro da série, o U-2501, só é lançado no canteiro naval Blohm & Voss, de Hamburgo, no dia 12 de maio de 1944, para entrar em operação – teórica! – em 27 de junho. Os Aliados estavam desembarcando na Normandia... Speer tenta acelerar a produção, confiando-a paralelamente a múltiplas fábricas. Mas as peças, pré-fabricadas com tolerâncias grandes demais, não se acoplam bem. Os prazos, ao invés de diminuírem, acabam aumentando. No final, dos 118 submarinos concluídos dos 1.170 encomendados, 4 estão operacionais em 8 de maio de 1945, mas nenhum tem oportunidade de atirar – 6 exemplares de uma versão costeira do mesmo conceito, o minúsculo tipo XXIII, conseguem, no entanto, afundar 4 navios.

Mesmo que Speer tivesse conseguido produzi-los a tempo, isso não teria mudado nada. Para operar eficazmente contra os comboios aliados, os submarinos precisariam de bases no Atlântico, inexistentes para a Kriegsmarine desde o verão de 1944. Além do mais, a gloriosa U-Bootwaffe de 1942 não passa de uma sombra. Mais de 80% dos submarinistas desapareceram e as tripulações que se salvaram são insuficientes para armar uma vasta frota. Para concluir, subestima-se como sempre a capacidade de resposta dos Aliados. Bem mais avançados em matéria de sonares e de radares, eles também dispõem de torpedos autoguiados e são totalmente capazes de interceptar.

Quer agrade ou não aos nostálgicos do III Reich ou aos aficionados por tecnologia mortífera, nenhuma arma poderia ter mudado o rumo da guerra. Mesmo estando à frente em certas áreas, o Reich não tinha nem a capacidade industrial nem os recursos humanos ou em petróleo indispensáveis para ganhar um conflito contra os Estados Unidos, a URSS e o Império Britânico. As *Wunderwaffen* não teriam mudado nada, como, de resto, nenhuma arma conseguiu sozinha vencer um conflito. Até mesmo o caso excepcional da bomba atômica pode ser discutido. Afinal de contas, as armas milagrosas dos nazistas se destinaram mais a bombardear os civis alemães com falsas boas notícias do que atacar os Aliados. Talvez os habitantes sobreviventes nas ruínas das cidades de Dresden, Hamburgo ou Berlim tenham encontrado algum conforto com isso, talvez precisassem acreditar nelas. Mas por que insistir em engolir as invencionices de Goebbels 70 anos depois?

NOTAS

[1] Laurent Legrand, "Les armes secretes des nazis", *Le Point*, 8 maio 2014 (http://www.lepoint.fr/histoire/les-armessecretes-des-nazis-08-05-2014-1820594_1615.php).

[2] Michel Dogna, "Les soucoupes volantes du IIIe Reich".

[3] (http://www.micheldogna.fr/les-soucoupes-volantes-du-iiireich-article-1-3-5.html). A Alemanha multiplica, portanto, sua produção por 1,4 no período, quando o Reino Unido, os Estados Unidos e a URSS produzem respectivamente 1,6, 14,5 e 3,3 vezes mais.

BIBLIOGRAFIA SELECIONADA

Cornwell, John, *Hitler's Scientists, Science, War and the Devil's Pact*. Nova York: Penguin, 2004.

Ford, Roger, *Germany's Secret Weapons of WWII*. Londres: Amber, 2013.

"La supériorité militaire allemande? Le mythe du siècle!". Dossiê de *Guerres & Histoires*, n. 7, jul.-ago. 2012.

Overy, Richard, *Why the Allies Won*. Londres: Pimlico, 2006 (reed.).

Overy, Richard, *War and Economy in the Third Reich*. Oxford: Oxford University Press, 1995.

Zaloga, Steven, V-*1 Flying Bomb, 1942-52: Hitler's Infamous Doodlebug*. Londres: Osprey, 2005.

Zaloga, Steven, V-*2 Ballistic Missile 1944-52*. Londres: Osprey, 2003.

A Alemanha perdeu a guerra por causa de Hitler

BENOIST BIHAN

Este é, provavelmente, um dos mitos mais persistentes da história da Segunda Guerra Mundial: Adolf Hitler seria o único responsável pela derrota da Alemanha que, sem ele, ou se ele não tivesse se intrometido diretamente na condução da guerra, poderia ter vencido as potências aliadas. Digamos de imediato: essa tese não tem cabimento. É claro que Hitler tem uma responsabilidade colossal no desencadeamento da Segunda Guerra Mundial na Europa, que não teria acontecido sem ele,[1] como também na derrota final e na queda do III Reich. Mas atribuir-lhe toda culpa pela derrota da Alemanha nazista constitui um disparate histórico.

Afirmar que Hitler é o único responsável pela derrota alemã supõe, de fato, que se aceite como verdadeiras estas quatro afirmações: é possível supor uma condução da guerra pela Alemanha distinta daquela escolhida por Hitler; não existe nenhum fator interno à derrota alemã que não seja atribuível a Hitler e à sua ação; a derrota da Alemanha se deve apenas às ações do campo alemão, e não àquelas dos Aliados; a Alemanha poderia ter vencido a Segunda Guerra Mundial. No entanto, nenhuma dessas afirmações resiste à análise.

A ALEMANHA EM GUERRA
NÃO PODE SER CONCEBIDA SEM HITLER

Defender a primeira afirmação supõe, de fato, que a condução da Segunda Guerra Mundial pela Alemanha pudesse ser separada dos propósitos do Führer. Sua ação teria então perturbado a "boa" condução estratégica da guerra. Ora, não é o caso. No fim do ano de 1938, depois de vencer uma série de desafios políticos e estratégicos, tanto na Alemanha quanto fora dela,[2] Hitler emerge como o único líder do III Reich. O poder no regime se organiza como um emaranhado de redes de poderes que levam todas unicamente a Hitler. O chanceler e chefe do partido nazista também é juiz supremo e *Führer und Oberster Befehlshaber der Wehrmacht* (Guia e comandante em chefe das forças armadas). Todas as instâncias envolvidas na coordenação e na execução do esforço de guerra – militar, econômico, ideológico – estão diretamente submetidas ao seu comando.[3] Dessa posição dominante, Hitler vai se dedicar a guiar seu país na "luta pela sobrevivência" para levar a Alemanha nazista a dominar o mundo, estabelecendo como únicos desfechos possíveis a vitória ou a destruição. Para isso, ele pretende, sobretudo pela conquista territorial e pelo genocídio das populações que ocupam as zonas conquistadas, dotar a "raça dos senhores" alemã de um "espaço vital", um *Lebensraum*, a partir do qual o Reich poderá não somente prosperar, mas também se tornar a superpotência dominante da Eurásia e, portanto, do mundo.

É esse projeto ideológico que serve de objetivo de guerra ao III Reich e que configura toda a estratégia alemã, um empreendimento

206 | OS MITOS DA SEGUNDA GUERRA MUNDIAL

favorecido pela concentração dos poderes efetuada por Hitler em 1938. Não existe nenhum outro projeto político nem alternativa estratégica até 1945. Mais do que isso, os homens que servem ao regime nazista, militares ou civis, aceitam implicitamente instaurar esse projeto. É particularmente o caso dos oficiais a partir de 1934, quando – por iniciativa dos generais Werner von Blomberg, ministro da Defesa, e Walter von Reichenau, chefe do gabinete ministerial do Ministério da Defesa (*Chef des Ministeramtes im Reichswehrministerium*) – devem prestar juramento de obediência à pessoa de Hitler. Então, afirmar que ele teria atrapalhado um esforço de guerra racional, cujo objetivo teria sido apenas a derrota militar dos diferentes adversários da Alemanha, não faz nenhum sentido.

Sendo assim, em que medida Hitler atrapalhou seus próprios projetos "estratégicos"? A resposta é: muito pouco. Pelo contrário, globalmente, o Führer seguiu seus objetivos, de modo constante, até a derrota de Stalingrado, em 1943. Até junho de 1941, ele tenta, com sucesso relativo, vencer rapidamente no oeste a fim de criar as condições para seu grande projeto: a invasão da URSS. Nesse sentido, é difícil não avaliar favoravelmente seu apoio ao plano de ataque à França e Benelux elaborado pelo futuro marechal Erich von Manstein, contra a opinião de grande parte do *establishment* militar alemão.[4] Pode-se também afirmar que seus esforços diplomáticos para conseguir uma paz em separado com o Reino Unido, e depois sua tentativa de exercer sobre Londres uma coerção militar – combinando a destruição de sua força aérea com a ameaça de um desembarque – para obter esse mesmo resultado, mesmo que não tenha dado certo, é estrategicamente justificada. Do mesmo modo, o fracasso dessa medida explica a decisão de desenvolver uma estratégia "indireta" no Mediterrâneo junto com os italianos, com os quais a aliança deixa então de ser defensiva – Roma protegendo o lado sul da Alemanha – para se tornar ofensiva, mais uma vez para fazer ceder o Reino Unido ou, pelo menos, torná-lo inofensivo. A decisão de invadir mesmo assim a URSS se justifica também, se tomarmos o projeto ideológico nazista como fundamento da elaboração da estratégia alemã.

A condução de Hitler da guerra na URSS também é relativamente coesa até Stalingrado. Assim, sua decisão, no dia 18 de dezembro de 1941, de proibir "grandes movimentos de retirada" e "obrigar a tropa a uma resistência fanática em suas posições, sem dar importância aos ataques inimigos na retaguarda e nos lados" tomada em reação à contraofensiva soviética realizada diante de Moscou, foi eficiente. Os molhes defensivos fixos formados pelas unidades alemãs serviram efetivamente de "quebra-mares" contra as incursões ofensivas do Exército Vermelho, preservando a coesão do setor central do *front* alemão. Aliás, é difícil imaginar como uma defesa móvel poderia ter sido executada por uma Ostheer exausta, quase sem blindados – avariados ou danificados – e roupas de inverno. Essa *Haltbefehl* (literalmente "ordem de parada") não pode, de qualquer maneira, ser atribuída a Hitler, tampouco a suspensão dos ataques alemães a Dunquerque um ano e meio antes: hoje sabemos que essa primeira *Haltbefehl* não foi uma decisão do Führer, mas do chefe do Grupo de Exércitos A, Von Rundstedt – que porá a culpa em Hitler depois da guerra – e do chefe do seu 4º Exército, Von Kluge, e é coerente, em todo caso, se for associado ao desejo do líder alemão de poupar os britânicos. Seu principal erro até Stalingrado, suas hesitações entre Leningrado, Moscou e a Ucrânia até o verão de 1941, tiveram consequências importantes, mas não foram responsáveis pela derrota da Alemanha – na realidade, elas são fruto do reconhecimento por Hitler de que a guerra no leste não se resolverá em uma só campanha.

É verdade que a sua conduta estratégica e operacional a partir do outono de 1942 permite afirmar que o Führer perde a guerra entre setembro e novembro de 1942, mas é mais justo dizer que a Wehrmacht não pode vencer e que, além disso, o Exército Vermelho não a deixa vencer – voltaremos a esse ponto. Na derrota, Hitler não toma só decisões ruins: a recusa de deixar Paulus sair de Stalingrado cercada após o fracasso da tentativa de libertação da cidade é operacionalmente lógica, porque ele instala na frente da cidade oito exércitos soviéticos num momento em que o *front* alemão tem brechas por toda parte e deve ser reconstituído, tarefa já bastante complicada sem envolver forças soviéticas extras.[5]

A partir do início de 1943, quando a guerra já está perdida, é forçoso constatar que a condução hitlerista da guerra mantém sua coerência interna: a estratégia alemã continua determinada pelo projeto ideológico hitlerista, isto é, o "combate pela sobrevivência" até a destruição ou a vitória. Até lá, é preciso ganhar tempo para concluir o extermínio dos judeus e a eliminação dos eslavos dos territórios ocupados no leste. A falta de alternativas se explica mais uma vez pelo fato de que elas não podem existir sem que se questione a própria existência do regime: não é possível considerar uma condução da Segunda Guerra Mundial pela Alemanha diferente daquela de Hitler, *exceto imaginando uma história alternativa na qual a Alemanha não é nazista*. Uma discussão sobre a estratégia alemã durante a Segunda Guerra Mundial não permite então afirmar que Hitler impediu o sucesso de uma estratégia alemã "correta", mas leva a questionar sobre as motivações que possibilitaram que o Führer levasse a Alemanha a aderir a um projeto cujo desenrolar não poderia ter sido diferente.

A MOBILIZAÇÃO ECONÔMICA E INDUSTRIAL, O INCONCEBÍVEL ALEMÃO

As duas afirmações seguintes requerem a análise da mobilização econômica e da condução das operações militares: trata-se de saber se Hitler é ou não o *único* responsável pelas lacunas da Alemanha nesses campos, e se elas são ou não as únicas causas dos fracassos militares da Wehrmacht. A resposta é negativa em ambos os casos.

O grau de responsabilidade do Führer é maior no caso da mobilização econômica e industrial. É incontestável que o nazismo foi um fator que agravou a ineficácia do esforço de guerra alemão, devido à própria estrutura do edifício político construído por Hitler. De fato, seu poder se fundamenta em equilíbrios complexos entre diversos indivíduos no próprio seio do movimento nazista e em alianças políticas frágeis, não só com os chefes militares, mas também com os meios econômicos. Embora todo o aparelho do Estado se reorganize em torno de sua pessoa entre 1933 e 1938, Hitler não tem o mesmo grau de controle, pelo menos antes de 1943, sobre a sociedade civil. Para se manter no poder, Hitler permite que se desenvolvam, e até incita, verdadeiros "feudos", sobretudo na área econômica. Disso resultam inúmeras dificuldades para mobilizar e orientar de modo centralizado a indústria alemã para colocá-la a serviço do esforço de guerra, o que mostra, de passagem, os limites de um "capitalismo de Estado", que impede o controle direto das empresas estratégicas. Hitler agrava ainda mais a situação com um clientelismo que beneficia, por exemplo, o doutor Porsche, inventor do Volkswagen Fusca, mas também promotor dos tanques superpesados, que constituem um desvio oneroso de recursos já parcos.

Para contrabalançar o poder dos meios econômicos, Hitler deixa os seus "grandes senhores feudais", Himmler e Goering, em primeiro plano, construírem verdadeiros impérios industriais, mas agrava, na realidade, a desordem e a ineficiência preexistente na economia alemã. Fator de caos tanto mais difícil de dominar visto que a natureza totalitária do regime exclui todo verdadeiro contrapoder, o nazismo atrapalha claramente os esforços daqueles mesmos que tentam racionalizar o esforço de guerra alemão, o ministro da

Economia Albert Speer principalmente, dificultando mais ainda a tarefa dantesca de levar uma Alemanha sem uma verdadeira política industrial a alcançar as economias anglo-americanas.

Nesse ponto, Hitler mais agrava a situação já existente do que a cria, e podemos nos questionar se ele poderia tê-la modificado antes de 1943, isto é, antes de poder usar a derrota como meio de pressão. Não temos essa resposta, mas é possível duvidar disso.

Embora se tenha apontado com toda razão as fantasias de Hitler no campo tecnológico, o problema maior é o caráter desorganizado da pesquisa alemã. Em vez de serem realizados de modo estruturado, os esforços de pesquisa e desenvolvimento não obedecem a uma ordem de prioridade e são feitos desordenadamente. A culpa é da incapacidade da Alemanha de resolver adequadamente o problema da concepção dos materiais. Para que um esforço de pesquisa e desenvolvimento possa ser realmente eficaz, pelo menos no que diz respeito à pesquisa aplicada, é preciso colocar o cursor do desempenho desejado no lugar certo.

O problema já aparece, na verdade, durante a Grande Guerra, muito antes da chegada de Hitler e dos nazistas ao poder; mas ele aumenta bastante até se transformar em um verdadeiro culto ao desempenho tecnológico, agravado pela tecnofilia do Führer, pronto a sucumbir ao atrativo das "armas milagrosas" e que vê na supremacia das armas o correspondente técnico da suposta superioridade da "raça ariana" sobre o resto da humanidade. Porém, seria fácil demais atribuir só à pessoa de Hitler a responsabilidade das especificações demasiadamente ambiciosas dos tanques Panther, Königstiger e Maus, ou dos aviões a jato Me-262 ou Ar-234, dos U-Boote tipo XXI: ele se entusiasma com os materiais devido aos desempenhos anunciados por seus criadores e promotores – geralmente militares –, e não o contrário.

A Alemanha não procura o desempenho perfeito para suas armas, mas o desempenho em si. Nesse ponto, a doutrina militar alemã é o fator decisivo. Na terra, no ar ou no fundo do mar, a Alemanha concebe armas destinadas a efetuar e vencer um confronto único que se almeja decisivo: a superioridade das armas deve combinar com aquela dos estrategistas para obter a decisão final num processo de otimização dos meios de destruição gigantesca, mas limitado no tempo.

Assim, o esforço de guerra alemão se desgasta desenvolvendo materiais complexos que só podem ser produzidos em quantidades reduzidas tanto por causa dos déficits de mão de obra qualificada – chamada ao *front* – como dos prazos de produção longos demais, mas sobretudo devido à falta de matérias-primas. A fabricação de máquinas como tanques ou aviões de alto desempenho exige ligas metálicas complexas, compostas de materiais estratégicos raros que a Alemanha, isolada e submetida ao bloqueio, tem dificuldade de obter. É o caso do tungstênio, necessário para os obuses antitanque, ou do níquel, usado nas blindagens, com consequências imediatas sobre a qualidade dos materiais produzidos. No final da Segunda Guerra Mundial, as blindagens alemãs empregam ligas metálicas substitutivas que as tornam quebradiças. Outras consequências resultam dessas escolhas inapropriadas: é necessário, por exemplo, favorecer a produção de máquinas novas ao invés da fabricação de peças avulsas, sempre em falta; pode-se imaginar o impacto dessa medida nos índices de disponibilidade.

O EXÉRCITO ALEMÃO
SÓ CONSEGUE VENCER BATALHAS

Ainda que Hitler não faça nada para corrigir esses erros, eles vão muito além da sua ação. Essa constatação também é verdadeira em relação à condução das operações. Sim, as inúmeras

Führerbefehle – "ordens do Führer" –, obedientemente repassadas pelo Oberkommando der Wehrmacht (OKW), o Alto-Comando das Forças Armadas, considerado o Estado-Maior particular de Hitler, tiveram muitas vezes consequências negativas na condução das operações e das batalhas da Wehrmacht. Mas não é possível atribuir-lhes a totalidade das derrotas alemãs: a maioria delas teria acontecido com ou sem a intervenção de Hitler. É especialmente o caso no fim da guerra: a competência táctico-operacional e os recursos das forças aliadas explicam melhor as derrotas alemãs do que as intervenções intempestivas do Führer. Afirmar o contrário é atribuir-lhe uma capacidade singular de influenciar a batalha a distância, visto que uma parte dos chefes militares resolve ignorar quando possível as *Führerbefehle*.

Pois bem: a arte militar alemã está muito longe de ser infalível, com ou sem Hitler, e se este pode influenciar as suas próprias forças, em compensação não tem controle sobre o desempenho das forças dos inimigos. Ora, estes vão aos poucos dominar o Exército alemão, totalmente concebido dentro do espírito da *Gesamtschlacht* ("batalha total"), cara ao velho Schlieffen antes de 1914: a reprodução, em escala desmedida, do mecanismo da batalha antiga de Cannes. Segundo esse pensamento, a guerra se resume a uma sequência estratégica única, conforme uma *Vernichtungsstrategie*: uma "estratégia de aniquilação" articulada em três estágios, mobilização, desdobramento, *Gesamtschlacht*, que deve levar ao cerco do exército oposto, seguido de sua rendição ou de sua destruição; esse procedimento deve ser repetido com cada um dos adversários da Alemanha. Levada ao extremo, essa sequência estratégica constitui o princípio e o fim da arte militar alemã. No entanto, entre o desdobramento das tropas e o fim das hostilidades, os métodos de condução das operações permanecem basicamente os mesmos desde 1870, e o combate, uma vez começado, é concebido como um todo (*Gesamt*), isto é, não existe nenhuma solução de continuidade entre as diversas ações militares conduzidas de uma ala à outra do exército. É a força, a movimentação que deve levar à decisão.

Esse pensamento nascido no fim do século XIX não é, na verdade, estático: entre 1916 e 1939, a *Gesamtschlacht* passa efetivamente de dois a três tempos – de cerco-destruição a avanço-cerco-destruição –, e a sua lógica evolui para um processo de otimização dos efeitos de destruição dos armamentos no contexto de um oportunismo tático[6] – a manobra estratégica depende agora dos resultados táticos –, mas o princípio permanece igual. Quando esta fracassa, só resta à Alemanha a defensiva estratégica, já que ela não sabe ou não consegue agir de outro jeito. Então, as fraquezas estruturais de forças armadas treinadas, organizadas e equipadas em função de uma única forma de operação aparecem claramente, revelando os limites intelectuais da arte militar germânica.

Sem uma logística de teatro de operações digna desse nome, os alemães precisam improvisar constantemente a redistribuição de reservas que são mais táticas do que operacionais: uma divisão de infantaria aqui, uma Panzerdivision ali, um grupo de bombardeiros ou de caças em outro lugar, e, ainda assim, essa redistribuição só é possível se o adversário permitir movimentos livres da Wehrmacht na retaguarda. Basta que uma aviação de bombardeio atinja os nós logísticos, que os comboios de abastecimento sejam ameaçados e que um avanço súbito desorganize a retaguarda para que a defesa alemã logo desmorone, em 1918 na França, ou em todos os *fronts* no verão de 1944. Apesar de sua inegável eficácia técnica, os soldados alemães só podem então se submeter ao ritmo imposto pelos exércitos inimigos, até o fim; não obstante, essa eficácia técnica é tão grande que os adversários vão sofrer perdas terríveis. Seria difícil atribuir a

Hitler a responsabilidade de uma falência intelectual que é de todo o corpo dos oficiais alemães.

De qualquer maneira, não se faz uma guerra sozinho: atribuindo toda a responsabilidade a Hitler, esquecem-se os principais responsáveis pela derrota da Alemanha, os próprios Aliados! Sem a recusa de Churchill de ceder no verão de 1940, frustrando os planos de Hitler para poder agir na URSS; sem a recusa do Exército Vermelho, no verão de 1942, de conformar-se à atitude esperada por Hitler e o chefe do OKH, Franz Halder, futuro acusador de *Hitler, Senhor da Guerra*[7] depois de 1945, que leva ao fracasso, em última instância, do Plano Blau de ofensiva em direção à Stalingrado e ao Cáucaso; sem o sucesso da coordenação militar interaliada,[8] a mobilidade operacional soviética,[9] os "engenheiros da vitória"[10] aliados, o poder aeronaval anglo-americano, pouco teria importado que os projetos de Hitler fossem criminosos e delirantes, a mobilização econômica e técnico-científica alemã desorganizada, a arte militar da Wehrmacht viciada. Atribuir a Hitler a responsabilidade da derrota alemã é mais uma vez negá-la aos Aliados, em particular ao inimigo principal abominado pelos memorialistas da Wehrmacht: o sucesso do Exército Vermelho é minimizado por Halder, Guderian,[11] Manstein,[12] que sempre o menosprezaram – aliás, como Hitler, incapaz de pensar a partir de outros critérios que não os raciais e racistas, que fundam seu projeto ideológico.

Um exemplo: em dezembro de 1944, todos os comandantes alemães são unânimes em julgar suicida o projeto de uma contra-ofensiva estratégica no oeste, nas Ardenas. Tal ofensiva em linha reta de cerca de 200 km, prevista pelo plano hitlerista nas Ardenas, não é nada quando comparada às propostas formuladas pelos chefes militares alemães na Hungria no início de 1945. Para liberar Budapeste, eles consideram nada menos do que suprimir ou fazer recuar todas as forças soviéticas – duas frentes inteiras – a oeste do Danúbio, restabelecendo ao longo das suas margens ocidentais uma frente contínua, preservando a Áustria e Viena. Apresentam quatro propostas diferentes, com as mesmas características: por um lado, partem da criação, no oeste do Danúbio, de um ou vários *Kessel* ("caldeirão") obtidos por um cerco duplo dos principais agrupamentos soviéticos identificados; por outro, tão grandiosos quanto irrealistas, mesmo nessa fase da guerra, os alemães continuam ainda subestimando seus adversários soviéticos. Ora, ninguém protesta contra a diretriz que ordena o restabelecimento da linha de frente alemã sobre o Danúbio, ao contrário do que aconteceu com o anúncio da contraofensiva nas Ardenas. Guderian, agora chefe do OKH, aprova um plano chamado "C2" do *Heeresgruppe Süd*, que é, contudo, uma das hipóteses mais arriscadas! Nessas últimas semanas de guerra, o contrassenso do líder do Reich parece condizer totalmente com o desprezo inalterável da Wehrmacht pelo Exército Vermelho, apesar de quatro anos de guerra no leste e dois de derrotas. Como ficar surpreso, depois da guerra, ao ver os veteranos culpando Hitler?

Agir diferentemente significaria admitir uma parcela de responsabilidade numa empreitada tão criminosa quanto irrealista, admitir que a Alemanha não tinha, na realidade, quase nenhuma chance de ganhar a Segunda Guerra. Afirmar que a Alemanha perdeu por causa de Hitler, sem questionar as suas chances de vencer *simplesmente*, é não somente um mito, mas também uma argumentação destinada a justificar o injustificável. O fato de os Aliados ocidentais vitoriosos, depois de 1945, terem permitido e – com a reconstrução do Exército alemão frente à URSS unida à fascinação malsã pelo antigo vencido – alimentado esse argumento é nitidamente um erro político.

A Alemanha não perdeu por causa de Hitler: ela se perdeu com ele.

NOTAS

[1] O que não quer dizer que a Europa, sem Hitler e os nazistas, teria ficado em paz.

[2] Ver Giles MacDonogh, *1938: Hitler's Gamble*, Nova York, Basic Books, 2009 para um relato sobre o ano de 1938.

[3] Ver Jürgen E. Förster, "The Dynamics of Volksgemeinschaft: the Effectiveness of the German Military Establishment during the Second World War", em Alan R. Millet e Williamson Murray, *Military Effectiveness, vol. 3: The Second World War*, Nova York: Cambridge University Press, 1988-2010.

[4] Karl-HeinzFrieser, *Le Mythe de la guerre-éclair. La campagne de l'Ouest de 1940*. Paris, Belin, 2003.

[5] Nesse ponto, concordamos com a análise de Jean Lopez; ver *Stalingrad. La bataille au bord du gouffre*, Paris, Economica, 2008.

[6] Michael Geyer, "German Strategy in the Age of Machine Warfare 1914-1945". In: Peter Daret (dir.), *Makers of Modern Strategy: from Machiavelli to the Nuclear Age*. Princeton: Princeton University Press, 1986, pp. 527-97.

[7] Franz Halder, *Hitler seigneur de la guerre*. Paris: Payot, 1950. É uma tradução enviesada do título alemão, *Hitler als Feldherr*, que deveria ser mais precisamente traduzido por "Hitler comme chef militaire" [*Hitler como chefe militar*]. O título inglês é idêntico ao título francês (*Hitler as War Lord*). Franz Halder é chefe do *Oberkommando des Heeres* (OKH), o Estado-Maior do Exército, de setembro de 1938 a setembro de 1942. Ele exerce um papel crucial, depois da guerra, na responsabilização de Hitler pela derrota da Alemanha, exonerando também a si mesmo e seus colegas da cumplicidade com o regime. *Hitler seigneur de la guerre* se baseia no diário de Halder redigido durante a guerra. Ver Franz Halder, *The Private War Journal of Generaloberst Franz Halder, Chief of the General Staff of the Supreme Command of the German Army, 14 August 1939 to 24 September 1942*, 8 volumes, Adjutant General of the European Command, US Army, 1947.

[8] David Rigby, *Allied Master Strategists: the Combined Chiefs of Staff in World War II*, Annapolis, Naval Institute Press, 2012.

[9] David Glantz, *Soviet Military Operational Art: in Pursuit of Deep Battle*, Londres, Frank Cass, 1991; Jacques Sapir, *La Mandchourie oubliée. Grandeur et démesure de l'art de la guerre soviétique*, Paris: Éditions du Rocher, 1996. Para uma introdução em francês, ver Jean Lopez, *Berlin. Les offensives géantes de l'Armée Rouge: Vistule – Oder – Elbe (12 janvier-9 mai 1945)*, Paris, Economica, 2010, cap. 2, pp. 75-88 em particular.

[10] Conforme o título original da obra de Paul Kennedy, *Engineers of Victory*. Para a edição francesa, Paul Kennedy, *Le Grand Tournant. Pourquoi les Alliés ont gagné la guerre, 1943-1945*, Paris: Perrin, 2012.

[11] Heinz Guderian, *Souvenirs d'un soldat*, Paris, Plon, 1954, para a primeira edição francesa. O título original é *Erinnerungen eines Soldaten*, em conformidade com o título francês. O editor americano optou por um título mais vendável, *Panzer Leader*, na versão inglesa.

[12] Erich von Manstein, *Victoires perdues (Verlorene Siege)*, Paris, Plon, 1958.

BIBLIOGRAFIA SELECIONADA

Beaumont, Roger, *The Nazis' March to the Chaos: the Hitler Era through the Lenses of Chaos-Complexity Theory*. Wesport: Praeger, 2000.

Craig, Gordon, A., *The Politics of the German Army, 1640-1945*. Oxford: Oxford University Press, 1964.

Geyer, Michael, "German Strategy in the Age of Machine Warfare 1914-1945", In: Peter Paret (Dir.), *Makers of Modern Strategy: from Machiavelli to the Nuclear Age*. Princeton: Princeton University Press, 1986, pp. 527-97.

Kershaw, Ian, *Hitler*. Paris: Flammarion, 2014.

Macksey, Kenneth, *Why the Germans Lose at War*. Londres: Greenhill Books, 1996.

Overy, Richard, *War and Economy in the Third Reich*. Oxford: Oxford University Press, 2002.

O Japão se rendeu
por causa de Hiroshima

BRUNO BIROLLI

Em 15 de agosto de 1945, o imperador Hirohito rompe o silêncio, fazendo um pronunciamento na rádio em que pede ao povo japonês que "suporte o insuportável", a rendição incondicional do Japão. O que leva Hirohito a preferir a paz justamente após permanecer calado, ou pior, ser cúmplice do militarismo japonês durante os 14 anos de agressões cometidas pelo Japão? A resposta natural é o impacto devastador dos bombardeios atômicos de Hiroshima e de Nagasaki, em 6 e 9 de agosto de 1945, respectivamente. Tóquio foi obrigada a se render em consequência da destruição dessas duas cidades, que aquelas armas terríveis reduziram a cinzas.

Essa análise é unívoca e desconsidera um fator decisivo: a entrada da União Soviética na guerra em 9 de agosto de 1945, três dias após Hiroshima e algumas horas antes de Nagasaki, e a invasão fulminante da Manchúria pelo Exército Vermelho na maior ofensiva da Segunda Guerra Mundial.

Stalin almeja uma guerra contra o Japão desde 1943, mas busca evitar que a URSS combata em dois *fronts*. Ele estabelece então como condição para seu envolvimento a eliminação prévia da Alemanha nazista. Em Yalta, em fevereiro de 1945, o líder soviético reafirma sua intenção, indicando que enfrentará o Japão três meses após o fim das operações na Europa, para dar ao Exército Vermelho o tempo de mobilizar suas tropas na Manchúria. Em abril, quando o regime nazista está agonizando, Stalin rompe o pacto de não agressão assinado com o Japão em 1941. A partir de maio, Stalin começa a transferir para o Extremo Oriente os corpos de exército que venceram a Alemanha. Em julho de 1945, reunidos em Potsdam – antiga residência do rei da Prússia, Frederico, o Grande –, os Estados Unidos, a Grã-Bretanha e a República da China dão novo ultimato ao Japão, ameaçando-o com a "destruição total" caso se recuse a depor armas. Na abertura da Conferência de Potsdam, o presidente americano Harry Truman anuncia a Stalin que algumas horas antes os Estados Unidos tinham obtido sucesso nos testes de uma bomba atômica e que o país está decidido a utilizar a arma para frear o Japão. No entanto, por não estar convencido de que a bomba porá fim à guerra, Truman insiste que a URSS entre no confronto o mais rápido possível. Stalin aceita, pois não quer mais ficar de fora da divisão do Extremo Oriente que sucederá o desmembramento do Império Japonês.

No início de agosto de 1945, o Exército Vermelho estava preparado. Em três meses, mais de 1,5 milhão de soldados, 30 mil peças de artilharia e lançadores de foguete, cerca de 5.500 blindados e canhões de assalto, 86 mil veículos diversos e 3.800 aviões atravessaram a Sibéria e se agruparam na fronteira de Manchukuo, Estado fantoche independente criado pelos militares japoneses em 1932. Nunca antes o Exército Vermelho reunira tantos recursos. Verdade seja dita, ele avança rumo à conquista de um território tão vasto quanto o da Europa ocidental.

O PLANO DE DEFESA JAPONÊS

Em comparação com o Exército Vermelho aguerrido, plenamente amparado por uma indústria do armamento com capacidade máxima e com uma rede intacta de vias de comunicação, a potência japonesa não passa de uma sombra do que fora. O arquipélago está isolado. Seus centros industriais estão sendo sistematicamente destruídos pela Força Aérea dos Estados Unidos e suas ligações marítimas com os territórios ainda sob seu domínio são interceptadas pelos submarinos e pela frota de superfície dos americanos, que se arriscam próximo à costa do arquipélago para afundar os últimos navios japoneses.

Contudo, o Japão tem ainda um último trunfo: a Manchúria. A região está no limite ou fora do raio de ação dos bombardeiros americanos e foi poupada dos bombardeios. Houve algumas tentativas de ataques aéreos contra Shenyang – chamada então de Mukden – e outros centros industriais, mas sem grandes danos. Menina dos olhos do Exército Imperial antes de 1941, o Exército de Guangdong aquartelado na Manchúria continua sendo, com os corpos de exército que ocupam a China, a última força organizada do Japão.

Esse exército, com mais de 700 mil homens em tese, sofre, na realidade, de carência de efetivos por conta das transferências realizadas para reforçar outros setores, como a Birmânia. O Exército de Guangdong é bem equipado pelos padrões japoneses, mas a maior parte do seu armamento é bastante ultrapassada se comparada aos recursos dos Aliados: faltam armas antitanque, pois seus fuzis antitanque modelo 97 e os canhões modelo 98 (20 mm) e 41 (47 mm) são de um calibre baixo demais para as espessas blindagens soviéticas. Assim como o restante do Exército Imperial, a maioria dos blindados são tanquetes (modelos 94 e 97 Te-Ke) e tanques leves (modelo 95

Ha-Go), concebidos para dar cobertura à infantaria, mas não para combater outros blindados. Os canhões de seus tanques médios (modelos 89 A Chi-Ro e o último modelo, 97 Chi-Ha) são incapazes de penetrar o aço de seus correspondentes soviéticos, estando eles mesmos vulneráveis às cargas ocas dos adversários. O Exército de Guangdong paga o preço da escolha do alto-comando, ou seja, sacrificar o exército blindado por fidelidade a uma doutrina que privilegia a infantaria e por questões econômicas.[1] A aviação, com cerca de duas mil aeronaves, foi destituída das melhores, entregues às esquadrilhas de camicases do Pacífico.

A infantaria, espinha dorsal do Exército de Guangdong, é engrossada pela chegada de reforços locais e de coreanos alistados à força, que não têm nem a lealdade nem a energia dos efetivos exclusivamente japoneses. Unidades de cavalaria de russos brancos comandadas pelo Partido Fascista de toda a Rússia do general csarista Kislitsyn têm um valor militar ínfimo.[2] Finalmente, o comando não é dos mais brilhantes, pois os oficiais mais competentes foram enviados para combater em outras regiões.

Diante da ameaça soviética, o Exército de Guangdong optou por uma estratégia inspirada nas batalhas do Pacífico. A ideia não é mais atacar o adversário com todas as forças, buscando uma batalha de aniquilação, vencer em um só golpe, batendo de frente com o inimigo, conforme os princípios estratégicos ensinados no Japão desde o século XIX. A partir do final de 1942, os japoneses são forçados à defensiva. Eles se isolam em pontos de apoio estrategicamente posicionados a fim de dificultar bastante o avanço do adversário. Da agressividade ofensiva, a estratégia do Exército imperial se transformou em uma guerra de desgaste impiedosa capaz de sacrificar até o último homem.

Considerando que a planície central da Manchúria favorece os blindados soviéticos, o plano japonês visa retardar a passagem do

Exército Vermelho na fronteira e levar o Exército de Guangdong a ganhar tempo para se refugiar nas zonas montanhosas da fronteira coreana. Convicto de que o soldado de infantaria do Japão é o melhor do mundo, o comando japonês pretende recuperar a vantagem por meio dessa manobra, forçando os soviéticos a combaterem a pé nessas regiões íngremes e arborizadas, terreno inadequado para os blindados. Aqui ainda se percebem os reflexos da experiência de combate contra os americanos: o Exército imperial abandona os espaços abertos – praias, no caso das ilhas do Pacífico – e prioriza as possibilidades de fortificação oferecidas por um relevo acidentado e coberto de vegetação.

Por trás desse plano japonês há também um antigo pensamento estratégico. O objetivo não é conservar a Manchúria, cuja vulnerabilidade os japoneses reconhecem há muito tempo, mas utilizar essa região como zona tampão, fazendo dela uma barreira de proteção da Coreia. Anexada ao Império desde 1910, a península é separada do Japão apenas pelo estreito de Tsushima, que não ultrapassa 100 km, e ainda mais fácil de atravessar porque no meio do caminho se encontra a ilha que lhe dá nome, entre o mar do Japão e o mar Amarelo. A península é de fato uma excelente plataforma para desembarque no arquipélago. Foi para fechar essa porta escancarada que o Japão entrou em guerra com a Rússia em 1904, e é por esse mesmo motivo que o Exército de Guangdong prepara sua retirada para o refúgio montanhoso na fronteira coreana. Os japoneses concluem com isso uma estratégia iniciada na Guerra Russo-Japonesa. No entanto, se naquela época essa reflexão tinha pertinência, 40 anos depois, no verão de 1945, ela não é compatível com uma compreensão racional do jogo de forças. Alimenta-se da crença inabalável de que o senso de sacrifício do soldado japonês pode inverter o curso da história.

Em resumo, o objetivo não é combater os soviéticos, mas enfraquecê-los, da mesma forma que tentam fazer com os americanos no Pacífico. O que está em jogo não é vencer o adversário, mas levá-lo a recuar em razão do número insustentável de perdas humanas.

O plano japonês tem uma falha estrutural: trata-se de um erro repetido insistentemente pelo Alto-Comando japonês desde a década de 1930. Suas antecipações não passam de projeções da campanha japonesa se lhe coubesse a iniciativa. Seu raciocínio corresponde perfeitamente aos recursos militares de que dispõe, mas desconsidera as evoluções profundas resultantes da guerra na Europa entre 1939 e 1945. Em 1931, o Exército de Guangdong, sem blindados – com exceção de alguns tanques Renault T4 que, no fim das contas, não foram utilizados por causa do frio congelante –, conquistou a Manchúria pelas linhas ferroviárias. Os japoneses concluem, então, que os soviéticos entrarão pelo mesmo caminho e, inferindo que a fronteira com a Mongólia não pode ser acessada por trem, deixam de protegê-la. Pois é por esse furo que os tanques soviéticos vão passar e realizar uma das Blitzkriegs mais extraordinárias da Segunda Guerra Mundial.

A OFENSIVA SOVIÉTICA

Em 9 de agosto de 1945, às 4 horas da manhã, o Exército Vermelho inicia sua ofensiva. Os serviços de inteligência soviéticos captaram as intenções japonesas e as operações foram adaptadas em função disso. A ofensiva é geral e segue três eixos. Um ataque no sentido leste-oeste vem da província marítima entre Khabarovsk e Vladivostok. Simultaneamente, as forças soviéticas atravessam o rio Amur e se dirigem para o sul. Esses dois *fronts* não foram, contudo, concebidos para dar o golpe final. São manobras para dividir, imobilizar e confundir o Exército de Guangdong. O cerne da ofensiva soviética parte da Mongólia exterior. Optando por um movimento de pinça através da estepe, os soviéticos maximizam o domínio dos blindados, adquirido na experiência com os alemães.

O armamento desses três *fronts* corresponde à função que lhes foi atribuída. Os *fronts* do leste e do norte concentram uma artilharia pesada e uma infantaria de assalto de grandes proporções, a fim de explodir os *bunkers* na fronteira, enquanto os corpos de exército a oeste, cuja missão é realizar o avanço decisivo, são essencialmente compostos de regimentos blindados, origem da conhecida divisão de elite da Guarda.

Informados da fragilidade dos recursos antitanque do Exército de Guangdong graças aos imigrantes russos na Manchúria e aos desertores coreanos ou de origem chinesa do Exército de Guangdong, os soviéticos voluntariamente abrem mão de seus T-34, potentes, mas pesados demais, e optam por tanques leves, muito mais rápidos. O sucesso do plano soviético depende da velocidade.

A ilha Sacalina, cuja metade sul é japonesa desde a Guerra Franco-Prussiana, não é esquecida. No dia 11 de junho, outros regimentos furam a linha de fortificações do Paralelo 50 que separa os dois países. No mesmo dia, os desembarques ocorrem no norte da costa leste da Coreia.

O Exército Vermelho recorre ao conjunto de táticas que lhe permitiram destruir a Wehrmacht: fenomenais barragens de artilharia, bombardeios aéreos incessantes por trás das linhas inimigas, movimentos giratórios orquestrados por concentrações de tanques. No entanto, no leste, os soviéticos inovam com a utilização da flotilha de monitores encouraçados e de barcaças que substituem os tanques e a artilharia danificados pelos pântanos formados pelas

O JAPÃO SE RENDEU POR CAUSA DE HIROSHIMA | 225

chuvas de verão e por estradas intransitáveis. Essas embarcações fortemente armadas sobem o rio Songhua, afluente do rio Amur que atravessa a Manchúria de uma ponta à outra e dão cobertura, com suas peças de artilharia de 150 mm, aos desembarques que atacam as bases japonesas. Essas operações, apoiadas por uma aviação onipresente, entram para a História como um exemplo bastante raro de guerra fluvial conduzida simultaneamente na água, na terra e nos céus.

Fracassa a aposta do comando japonês de bloquear o avanço do Exército Vermelho, ou ao menos retardá-lo. Constantemente cercado, o Exército de Guangdong não consegue se agrupar. O fanatismo da infantaria japonesa choca os veteranos de batalhas difíceis na Europa, pois os alemães nunca demonstraram tamanha determinação. Para contrabalançar a falta de armas antitanque, os soldados japoneses se atiram em massa contra as esteiras dos blindados, carregando minas ou cargas de dinamite. Os contra-ataques se dão como no Pacífico, sob a forma de cargas *banzai,* com baionetas destruídas pelo fogo soviético.[3] Esses sacrifícios são inúteis. Mesmo com sua resistência suicida, o exército de Guangdong sucumbe.

Os japoneses pagam o preço por sua concepção ultrapassada da guerra. Eles não compreenderam o papel que os blindados desempenharam na Batalha de Nomonhan – Khalkhin Gol para os russos – contra os soviéticos seis anos antes. Em contrapartida, essa sequência de confrontos restritos e esparsos de maio a julho de 1939 serviu como treinamento ao futuro marechal Georgy Jukov. É nessa zona infestada de mosquitos, entre a Mongólia exterior e Manchukuo, que os soviéticos testam e aperfeiçoam os princípios de interação entre artilharia, blindados e infantaria de assalto que vão usar contra os alemães e que aperfeiçoam contra os japoneses em agosto de 1945.

O ANTAGONISMO RUSSO-JAPONÊS

A perda da Manchúria é um desastre para o Japão, pois o Exército Vermelho está agora em condições de participar ativamente da invasão do arquipélago que os americanos planejam para a primavera de 1946. Politicamente, é também um grande revés. Graças à intervenção de Stalin, é o fim da esperança de paz honrosa. Era uma ilusão, mas o Japão se apegava a ela desesperadamente.

Até certo ponto, os japoneses estavam conscientes de que, com a queda de Hitler, a guerra na Ásia duraria mais tempo e Stalin ficaria mais tentado a ter seu quinhão na partilha, mas não imaginavam que haveria confronto com a URSS antes da primavera de 1946. Eles achavam que poderiam aproveitar essa pausa para convencer Stalin a agir como mediador entre os japoneses e os britânicos.

Evidentemente, Stalin era visto como herdeiro do Império csarista e, portanto, como perigoso rival na corrida pela hegemonia no nordeste da Ásia. Essa concorrência, que tem origem na Guerra Russo-Japonesa de 1904, perdura durante a primeira metade do século XX: o Japão busca aproveitar cada vulnerabilidade de seu vizinho para expulsá-lo do Extremo Oriente; em 1920, envia um corpo expedicionário de 30 mil soldados para ocupar o vale do rio Amur e tentar apossar-se da Sibéria, reunindo o que restou dos exércitos csaristas.

Em 1932, encorajado por sua invasão bem-sucedida da Manchúria, o Exército de Guangdong acha que chegou a hora de enfrentar o Exército Vermelho, que está no momento se reerguendo após o caos da Revolução Bolchevique. Atacar a URSS antes que suas forças militares se modernizem passa a ser a obsessão da Kōdōha, ou Caminho Imperial, uma das facções militares do Exército imperial que leva o Japão para o fascismo. Araki Sadao, ministro da Guerra na época, defende vigorosamente que a URSS seja atacada antes de

1936, quando o Exército Vermelho estará em pé de igualdade com o Exército imperial; após esse período, de acordo com os serviços de inteligência japoneses, ele ultrapassará sua força.

A "crise de 1936", como os militares chamam essa data limite, passa, pois Stalin, preocupado com a situação na Europa, afrouxa o cerco, adotando uma postura puramente defensiva ao longo do rio Amur. A paranoia de um retorno da ofensiva soviética, além do apoio militar que Stalin dá à China, que resiste desde 1937 à invasão japonesa, leva o Exército de Guangdong a orquestrar, sem o conhecimento de Tóquio, a Batalha de Nomonhan, apostando que, uma vez que iniciados os combates, o Quartel-General Imperial será obrigado a enviar reforços e que essa escalada levará a uma guerra para a conquista da Sibéria.

Essa maneira de forçar a decisão de Tóquio é sintomática da espiral de conflitos que leva o Japão a confrontos cada vez intensos com adversários cada vez mais poderosos. Mais do que uma estratégia estudada, trata-se de um desvio; uma política do excesso e do fato consumado, imposta pelo corpo de oficiais.[4] Escaldado pelo vigor da reação soviética em Nomonhan e preocupado com suas forças que passam dificuldades na China, o comando supremo se submete dessa vez ao Exército de Guangdong. O fracasso de Nomonhan reorienta a estratégia japonesa. Em vez de expandirem-se para o norte, os japoneses dirigem-se para o sudeste da Ásia, em detrimento das forças britânicas, que tomam o lugar da URSS como inimigos prioritários do Japão.[5]

Paradoxalmente, mesmo sendo anticomunistas ferozes e subestimando o valor dos soldados russos com quem lutaram em 1905, os militares japoneses sentem certa admiração por Stalin. Ainda que o comunismo fosse perseguido no Império Japonês, ele era visto como um aliado natural contra o capitalismo e o liberalismo britânicos. Essa ideia é antiga. Já em 1921, o pensador Yoshi Kuno prevê, em *What Japan Wants*, que, se os britânicos recusarem ao Japão as porções do território chinês que este reivindica, ele se aliará à URSS e à Alemanha, e que essa aliança, "uma das mais formidáveis da história",[6] será o prelúdio de uma guerra mundial.

Na década de 1930, o totalitarismo soviético é uma fonte de inspiração para os militaristas japoneses. Eles copiam o primeiro Plano Quinquenal iniciado por Stalin para transformar a Manchúria em um complexo militar-industrial e então militarizar as indústrias do Japão.[7] Durante todo o inverno de 1945, a exemplo de Joseph Goebbels, que fantasia, após os desembarques da Normandia em 1944, a hipótese de uma ruptura do campo aliado,[8] os japoneses sonham que as contradições entre a URSS e os Estados Unidos virão à tona e salvarão o Japão. Alguns enxergam reviravoltas nas alianças, como o Japão tornando-se aliado dos Estados Unidos contra a URSS, enquanto outros o veem mais ao lado da URSS contra os Estados Unidos.[9]

O ALÍVIO AMERICANO

Não restam dúvidas sobre o desfecho da guerra no início de 1945, mas o final do conflito parece estar muito distante. A resistência japonesa permanece obstinada. A Batalha de Okinawa comprova isso mais uma vez. Foram necessários 82 dias de combates terríveis, entre abril e junho de 1945, com uma armada anglo-americana mais esplêndida ainda do que a dos desembarques da Normandia, para vencer essa ilha ao sul do arquipélago. O balanço dessa conquista é sangrento: 14 mil mortos e 50 mil feridos entre os Aliados. Essas grandes perdas incitam os Estados Unidos a passar a uma etapa ainda mais brutal na guerra aérea que travam contra o Japão, usando a bomba atômica. Contudo, não estão convencidos de que essa arma evitará o envio de tropas ao território e temem uma campanha com muitas perdas humanas de seu lado.

De fato, Tóquio se recusa à rendição. Há muitos meses seus emissários sondam os países neutros – Portugal, Vaticano e URSS – para mediar eventuais negociações. Desde julho, Tóquio se declara pronto a enviar seus emissários à Europa para negociar com os Aliados que ocupam a Alemanha. O príncipe Konoe Fumimaro, sondado para assumir a liderança dessa delegação, pretende fazer uma parada em Moscou durante sua viagem para receber o apoio de Stalin. Só essa escolha de Konoe já mostra a fragilidade das intenções japonesas. É verdade que Konoe renunciou ao cargo de primeiro-ministro em 1941, algumas semanas antes de Pearl Harbor, para manifestar sua oposição à decisão de atacar os Estados Unidos, mas, em 1937, convencera Hirohito a invadir a China e deu início, então, à militarização do Japão.

Na realidade, a obstinação de Tóquio demonstra mais paralisia do que consenso. A elite japonesa está profundamente dividida. A corte internalizou a ideia de que a guerra está perdida, e o círculo próximo do imperador está disposto a sacrificar o Império con-quistado desde o fim do século XIX em troca da garantia de salvar sua coroa. O pesadelo do palácio é que ele tenha o mesmo destino do kaiser Guilherme, deposto após a derrota alemã de 1918. A prioridade da corte é preservar o *Kokutai* – organização místico-religiosa encarnada pelo imperador e que serve de justificativa para o sistema político, associando a identidade e a sobrevida do Japão enquanto nação aos laços que unem o povo à instituição imperial. Contudo, a população – faminta em função do racionamento cada vez maior, aterrorizada pelos ataques quase cotidianos da aviação americana, que bombardeia e metralha impunemente cidades e vi-larejos, desmoralizada pelos recuos sucessivos no Pacífico – reprova o soberano cada vez mais abertamente e o acusa de ser responsável pelos desastres que atingem o país. É imperativo, portanto, dar fim à guerra para salvar Hirohito.

Em contrapartida, o alto-comando se fecha na "síndrome dos macabeus" – judeus sitiados pelos romanos que preferiram o suicídio à rendição (século II a.C.). Os militares continuam achando que o Japão é invencível por conservar uma parte da China e toda a Manchúria. Em resposta ao ultimato de Potsdam, eles só consideram o cessar-fogo com quatro condições: que a monarquia seja mantida, que a desmobilização seja organizada pelo Quartel-General Imperial sem intervenção dos Aliados, que não haja ocupação e, portanto, soldados estrangeiros pisando o solo sagrado do Japão, e que os oficiais acusados de crimes de guerra sejam julgados por tribunais militares japoneses.

Otimistas de início, os americanos rapidamente ficam desiludidos. Então, quando Washington toma conhecimento da nova invasão da Manchúria, vem o alívio. O vice-almirante John H. Cassady, segundo comandante das operações navais, descreve o sentimento americano naquele momento. O bloqueio do Japão é imperfeito por causa do Mar do Japão,

> não temos nenhuma base nessa região e, mesmo que a Marinha Imperial seja destruída, entrar com nossos navios nesse mar isolado é uma manobra arriscada. Evidentemente, a novidade [a entrada da URSS na guerra] resolve esse problema. Agora não apenas no flanco nordeste do Japão se encontra um dos maiores exércitos do mundo, como esses territórios possibilitam poderosos ataques aéreos contra suas instalações industriais e militares... Podemos agora preparar a invasão do Japão com mais confiança ainda. Isso não significa que a guerra esteja ganha. Mas nossa missão se tornou mais simples e temos todos os motivos para acreditar que sua duração se abreviou consideravelmente.[10]

O *New York Times* considera que o Japão se encontra em uma situação ainda mais calamitosa do que a Alemanha após o fracasso de sua última tentativa de contra-ataque nas Ardenas. No dia seguinte, o mesmo jornal apresenta sua análise:

> A esperança que o Japão mantinha de dividir os Aliados, de repelir o ataque final contra ele, fazendo os Aliados pagarem caro com ataques suicidas, agora cai por terra. Seu império roubado foi dividido em dois pelas forças marítimas anglo-americanas e terrestres chinesas; com suas ilhas submetidas a um bloqueio e a ataques aéreos devastadores, o Japão deve enfrentar agora um ataque direto à sua última posição, e em muitos aspectos a mais sólida – a Manchúria. Foi lá que o Japão reuniu suas indústrias de guerra e é onde estão as bases das forças mais poderosas que lhe restam – o Exército de Guangdong. Como a Alemanha, o Japão deve agora combater em dois *fronts*, o que ele tem ainda menos capacidade de fazer do que seu ex-aliado.

O general Douglas MacArthur também vê claramente a vantagem militar da intervenção soviética. No dia da entrada da URSS na guerra, ele divulga o seguinte comunicado:

> Estou contente com a entrada da URSS na guerra contra o Japão. Ela torna possível um grande movimento de pinça, infalível na destruição do inimigo. Na Europa, a Rússia estava no *front* leste e os Aliados no oeste. Agora, estamos no leste e a Rússia no oeste, mas o resultado será o mesmo.[11]

Os soviéticos livram os Estados Unidos do medo de ver o Exército de Guangdong transferir-se da Manchúria e refugiar-se no Japão. Nesse momento, portanto, os estrategistas americanos são mais impactados pela entrada dos soviéticos na guerra do que pelo efeito das duas bombas.

HIROHITO REENCARNA COMO PACIFISTA

Pouco se sabe sobre as reações dentro do Palácio Imperial à destruição de Hiroshima e depois ao turbilhão soviético e ao bombardeio de Nagasaki. Os participantes das deliberações mantiveram segredo ou liberaram informações incompletas e favoráveis ao imperador. Esses três eventos encadeados em um lapso de tempo muito curto fornecem ao círculo próximo de Hirohito sólidos argumentos para exigir que os militares deponham armas. Para salvar o trono, é preciso reinventar seu ocupante. De líder militar belicoso e indiferente ao destino de seus súditos, Hirohito é transformado, ao longo desses poucos dias decisivos, em pacifista benevolente, prisioneiro de um grupelho de extremistas.[12] Após uma hesitação de um dia, Hirohito ordena a Kido Kōichi, o Guardião do Selo Imperial e seu conselheiro mais próximo, redigir o decreto que coloca um ponto-final na guerra.

A fim de evitar qualquer alusão que possa de uma forma ou outra incriminar o imperador e responsabilizá-lo pela guerra e pela derrota, os dois eruditos encarregados de redigir a resolução quebram a cabeça por três dias antes de entregar um texto em estilo arcaico, cheio de circunlóquios rebuscados quase incompreensíveis. O texto final é submetido na noite de 14 de agosto de 1945 a Hirohito, que o lê na rádio no dia seguinte, ao meio-dia.

A derrota da Alemanha e a guerra iniciada com a URSS são evocadas por essa frase codificada: "A tendência geral no mundo voltou-se contra [nossos] interesses". A alusão à bomba atômica é, por outro lado, mais explícita: a colossal potência devastadora da bomba atinge os espíritos e é para "salvar a civilização humana... da extinção completa" que o Japão se rende – mesmo que nem essa palavra, nem "capitulação" tenham sido pronunciadas.

Antes mesmo do final das hostilidades, a história da Segunda Guerra Mundial já estava sendo reescrita. Nas semanas seguintes à rendição, o papel desempenhado pela URSS na derrota do Japão é reconhecido. O príncipe Higashikuni Naruhiko, nomeado primeiro-ministro em 16 de agosto de 1945, admite em seu primeiro discurso para o Parlamento, em 5 de setembro de 1945, que a declaração de guerra da URSS colocou o Japão na "pior situação possível". Ao mesmo tempo, o chefe de governo de transição retoma o mito que apresenta a bomba atômica como única causa da derrota japonesa. Foi para salvar o Japão e sua população dessas terríveis bombas que Hirohito deu a ordem para depor armas "pelos interesses da paz e da humanidade".[13]

Com o passar dos anos, essa narrativa vai se desenvolver. A invasão da Manchúria em 1931, seguida da China em 1937 e a campanha na Manchúria em 1945 – etapas determinantes na Segunda Guerra Mundial na Ásia – ficam em segundo plano. Tampouco foi por causa dos erros estratégicos que o Japão perdeu a guerra, mas em função do emprego de armas desumanas pelos Estados Unidos.

O reflexo natural dos historiadores em focar na parte da história que diz respeito a seu próprio país enraíza essa narrativa nos Estados Unidos. Contudo, por trás do esquecimento do papel da URSS, há também motivações mais políticas. Antes de a Guerra Fria começar, no início de setembro de 1945, os americanos expulsam os soviéticos da ocupação do Japão, que se torna um assunto exclusivamente dos Estados Unidos – se não contarmos a presença de um pequeno contingente australiano estabelecido em Hiroshima, embora sem nenhum papel político. Reconhecer os méritos do Exército Vermelho significaria dar um lugar à URSS na reorganização da sociedade japonesa.

234 | OS MITOS DA SEGUNDA GUERRA MUNDIAL

A Guerra Fria se instala na Ásia e, mais cedo do que na Europa, descamba em confronto militar, na China com a guerra civil vencida por Mao Tsé-Tung (1949), e, em seguida, na Coreia (junho de 1950). Enfatizar os bombardeios de Hiroshima e de Nagasaki e isentar Hirohito é indispensável para transformar o Japão no pilar asiático do sistema de defesa americano.

NOTAS

[1] US War Department, *Handbook on Japanese Military Force*, 1944, reeditada por Louisiana State University Press, Baton Rouge, 1991.

[2] Sabine Breuillard, *Harbin and Manchuria: Space, and Identity*, Durham (Caroline du Nord), Duke University Press, 2000.

[3] Jacques Sapir, *La Mandchourie oubliée. Grandeur et démesure de l'art de la guerre soviétique*, Paris, Editions du Rocher,1996.

[4] Bruno Birolli, *Ishiwara, l'homme qui déclencha la guerre*, Paris, Arte editions/Armand Colin, 2012.

[5] Eri Hotta, *Japan 1941. Countdown to Infamy*, Nova York, Alfred A. Knopf, 2013.

[6] Yoshi S. Kuno, *What Japan Wants*, Nova York, Thomas Y. Crowell Company, 1921.

[7] *The Japanese Wartime Empire, 1931-1945*. Obra coletiva. Princeton, Princeton University Press, 1996.

[8] *Journal de Joseph Goebbels, 1942-1945*, traduçãofrancesa, Paris, Tallandier, 3 volumes, 2005-2007.

[9] Yukiko Koshiro, *Imperial Eclipse: Japan's Strategic Thinking about Continental Asia before August 1945*, Ithaca, Cornell University Press, 2013.

[10] *The New York Time*, 9 ago. 1945.

[11] William Manchester, *American Caesar, Douglas MacArthur, 1880-1964*, Boston/Toronto, Little, Brown and Co, 1977, p. 438 e 439.

[12] Herbert P. Bix, *Hirohito and The Making of Modern Japan*, Nova York, Perennial, 2001.

[13] *The New York Time*, 6 set. 1945.

BIBLIOGRAFIA SELECIONADA

Glantz, David, *The Soviet Strategic Offensive in Manchuria, 1945*. Nova York: Routledge, 2003.

Kasumasa, Sato, *Saigo no Kantogun, Kachidoki no Hata*. Tóquio: Mitsuhitosha, 2008.

Kazutoshi, Hando, *Sōren ga Manchu ni Shikō Natsu*. Tóquio: Bungeishunjū, 2002.

Sapir, Jacques, *La Mandchourie oubliée. Grandeur et démesure de l'art de la guerre soviétique*. Paris: Editions du Rocher, 1996.

Toshihiko, Shimada, *Zai Manchu Rikugun no Dokusū*. Tóquio: Kodansha, 2005.

Os autores

Jean Lopez é historiador e jornalista, fundador e diretor de redação da revista *Guerres & Histoire*. Ficou conhecido por uma série de obras sobre a frente germânico-soviética, como *Koursk. Les quarante jours qui ont ruiné la Wehrmacht* e *Stalingrad, la bataille au bord du gouffre*. Publicou também *Les Cent Derniers Jours d'Hitler*.

Olivier Wieviorka é especialista em Resistência e Segunda Guerra Mundial, sobre as quais dedicou vários livros, entre eles *Histoire du Débarquement* e *Histoire de la Résistance*. Membro do Institut Universitaire de France e professor na École Normale Supérieure de Cachan.

Benoist Bihan é historiador e estrategista. Vice-redator-chefe da revista *Défense & Sécurité internationale* e coordenador editorial da revista *Histoire & Stratégie*, é também consultor da revista *Science & Vie: Guerres & Histoire*.

Bruno Birolli é graduado pelo Instituto Nacional de Línguas e Civilizações Orientais (Inalco), ex-repórter do *Nouvel Observateur* baseado na Ásia e autor de *Ishiwara, l'homme qui déclencha la guerre*.

Fabrice Virgili, historiador, é diretor de pesquisa no CNRS. Escreveu, entre outros, *La France "virile": des femmes tondues à la Libération* e *Naître ennemi: les enfants de couples franco-allemands nés pendant la Seconde Guerre mondiale*.

François Kersaudy é professor e lecionou na Universidade de Oxford e em Paris-I. É autor de *De Gaulle et Churchill*, *De Gaulle et Roosevelt* e *Churchill contre Hitler*, assim como de biografias de Churchill, Mountbatten e Goering. Sua última obra é *MacArthur*.

Hubert Heyriès é titular de um diploma de *Agrégation* em História e professor de História Contemporânea na Universidade de Montpellier-III. Tem pesquisas sobre o Exército italiano e os seguidores de Garibaldi nos séculos XIX e XX.

Jean-François Muracciole é professor de História Contemporânea na Universidade Paul-Valéry de Montpellier. Dedica suas pesquisas à França Livre e publicou *Les Français libres: L'autre Résistance* e codirigiu o *Dictionnaire de la France libre*.

Jean-Luc Leleu é pesquisador do Centro Nacional de Pesquisa Científica (CNRS) no Centro de Pesquisa de História Quantitativa (Universidade de Caen). Publicou sua tese sobre a Waffen-SS e codirigiu o *Atlas Histórico da França na Segunda Guerra Mundial*.

Lasha Otkhmezuri, ex-diplomata, é consultor de redação da revista *Guerres & Histoire*. É coautor de uma biografia de Jukov – *Joukov: l'homme qui a vaincu Hitler* –, junto com Jean Lopez.

Maurice Vaïsse, professor emérito de História das Relações Internacionais no Instituto de Estudos Políticos de Paris, publicou, entre outros, *Les Relations internationales depuis 1945*, *La Puissance ou l'influence: la France dans le monde depuis 1958* e *La Paix au XXᵉ siècle*.

Patrick Facon, doutor em História, é diretor de pesquisa do departamento de Aeronáutica do Serviço Histórico da Defesa (Vincennes). Especialista em guerra aérea, escreveu inúmeras obras, como *Le Bombardement stratégique*, *Histoire de la guerre aérienne: 1933-1945* e *Histoire de l'armée de l'air*.

Pierre-François Souyri, ex-professor do Instituto Nacional de Línguas e Civilizações Orientais (Inalco) e ex-diretor da Maison franco-japonaise de Tóquio, é professor da Universidade de Genebra, onde leciona História Japonesa. Publicou *Nouvelle histoire du Japon* e, com Constance Sereni, *Kamikazes*.

Pierre Grumberg, após graduar-se em História, tornou-se jornalista científico. Membro da redação da *Science & Vie*, desde 2001 é vice-redator-chefe da revista *Guerres & Histoire*. Sua especialidade principal é a tecnologia militar e a guerra no Pacífico.

Vincent Arbarétier é tenente-coronel, diplomado pela Escola Militar de Saint-Cyr e doutor em História. Autor de vários livros sobre a Segunda Guerra Mundial, dentre eles *Rommel et la stratégie de l'Axe en Méditerranée de février 1941 à mai 1943*.